Cem Ekmekcioglu

Dankbarkeit

Die Quelle für ein gutes Leben

braumüller

INHALT

Vorwort 7
Einleitung 10

1. **Philosophie der Dankbarkeit** 14
   1.1 Ist Dankbarkeit eine Pflicht? 18
   1.2 Dankbarkeit als wirtschaftliches Denken 21
   1.3 Dankbarkeit als Antwort auf supererogatorisches Handeln .. 23
   1.4 Seneca und Dankbarkeit 29
   1.5. Die dankbare Antwort 30
   1.6. Unseren Peiniger*innen dankbar sein? 33
   1.7 Was macht einen dankbaren Menschen aus? 35
2. **Dankbarkeit und psychisches Wohlbefinden** 38
   2.1 Mögliche Mechanismen,
       wie Dankbarkeit das Wohlbefinden fördert 43
   2.2 Dankbarkeit als Ressource 51
3. **Dankbarkeit hält gesund** 58
   3.1 Dankbarkeit verbessert den Schlaf 61
4. **Dankbarkeit ist das Fundament
   für ein gutes Miteinander – die sozialen Aspekte** 64
   4.1 Dankbarkeit schützt vor Rachegefühlen 67
   4.2 Dankbarkeit und Vergebung 68
   4.3 Dankbarkeit schützt vor sozialer Isolation 70
   4.4 Dankbarkeit schafft Sympathie 73
   4.5 Die Kraft der Gegenseitigkeit 74
   4.6 Dankbarkeit und soziales Verhalten 76
   4.7 Soziale Unterstützung und
       Mechanismen ihrer protektiven Wirkung 79
   4.8 Wann ist man (besonders) dankbar? 81
   4.9 Danke oder Sorry? 85
5. **Dankbarkeit und Religion** 86
   5.1 Religiöse vs. allgemeine Dankbarkeit 92
   5.2 Dankbarkeit und die Angst vor dem Tod 93

6. Dankbarkeit und Demut 98
7. Neid und Dankbarkeit 103
8. Materialismus und Dankbarkeit 107
9. Dankbarkeit in Paarbeziehungen 111
    9.1 Wann fühlen wir uns in romantischen Beziehungen unserem/unserer Partner*in gegenüber am dankbarsten? 113
    9.2 Dankbarkeit kann Bindungsängste reduzieren 115
10. Undankbarkeit 118
    10.1 Ist Undankbarkeit ein Verbrechen? 123
11. Barrieren der Dankbarkeit 125
12. Verwehrter Dank 129
13. Darf man Dankbarkeit verlangen? 132
14. Wie wird Dankbarkeit in Studien erhoben? 135
15. Dankbarkeit entwickeln – praktische Ansätze 137
    15.1 Interventionen zur Förderung von Dankbarkeit und der dankbaren Haltung 138
    15.2 Faktoren, die die Akzeptanz und den Erfolg von Dankbarkeitsinterventionen beeinflussen 141
    15.3 Können Dankbarkeits-interventionen schaden? 143
16. Dankbarkeit und schulische/akademische Leistungsfähigkeit 144
17. Wann ist Dankbarkeit schlecht? 148
    17.1 Schuldgefühle durch Dankbarkeit 150
    17.2 Macht Dankbarkeit gehorsam? 153
    17.3 Dankbarkeit kann traurig machen 154
    17.4 Dankbarkeit kann gegen moralische Normen verstoßen 155
    17.5 Stillstand durch Dankbarkeit? 157
18. Kulturelle Aspekte der Dankbarkeit 158

Epilog 160
Quellenangaben 162

Vorwort

Dankbarkeit scheint im modernen Alltag aus der Mode gekommen zu sein. Wir wissen zwar, was Dankbarkeit ist und dass wir dankbar sein sollen. Wir sagen zwar immer wieder *Danke* im täglichen Leben, und auch den Kindern wird beigebracht, sich zu bedanken. Aber wann war das letzte Mal, dass Sie bewusst wirklich tiefe Dankbarkeit empfunden haben?

Trotz des Spannungsverhältnisses zwischen Verhaltensregeln und unserem Empfinden ist Dankbarkeit ein wesentlicher moralisch-soziologisch-psychologischer Teil der menschlichen Natur, der praktisch in allen Kulturen und Religionsgemeinschaften auf unterschiedliche Weise empfunden und ausgedrückt wird.

In den letzten zwei Jahrzehnten stieg das wissenschaftliche Interesse an der Erforschung der Dankbarkeit enorm an. Eine einfache Recherche in der bekanntesten medizinischen Datenbank *Pubmed*, in der neben medizinischen und psychologischen teilweise auch philosophische Publikationen zu finden sind, ergab (mit dem Suchbegriff *gratitude and (health or well-being)* zum Stichtag 4. Januar 2024) 1784 Veröffentlichungen, wobei über 95 Prozent davon in den 2000er-Jahren erschienen sind. Zwar schließen diese Publikationen auch allgemeine Danksagungen von Wissenschaftlern ein, aber der Hauptteil der Arbeiten bezieht sich auf Studien und das nur in einer von mehreren Datenbanken.

Ein Grund für das starke Interesse an der wissenschaftlichen Auseinandersetzung mit Dankbarkeit könnten, als Teil des kometenhaften Aufstiegs der positiven Psychologie im 21. Jahrhundert, Bestrebungen zur Erforschung von vorteilhaften Emotionen gewesen sein. Auch die Bedeutung der Tugendethik in der Moralphilosophie und die Hervorhebung der emotionalen Aspekte des moralisch guten Lebens könnten eine Rolle gespielt haben, Dankbarkeit zunehmend in den Fokus der Forschung zu rücken.

Für mich war Dankbarkeit schon immer ein wichtiger Teil meines Lebens, der mir in guten Zeiten geholfen hat, mein Leben wertzuschätzen und mir bewusst zu machen, dass nichts selbstverständlich ist. Von diesem Gefühl habe ich auch in schwierigen Lebensphasen profitiert und konnte dadurch eine innere Balance halten. Dankbarkeit gibt mir Kraft und verschafft mir vor allem innere Ruhe.

Nach meiner COVID-19-Erkrankung im November 2020 beschloss ich, mich intensiver mit diesem so existenziellen Thema zu befassen. Nach eingehender Recherche in wissenschaftlichen Datenbanken war ich über die Vielfalt und Fülle der Studien zu diesem Thema überrascht und beschloss, darüber ein Buch zu schreiben.

In diesem Werk habe ich, vor allem basierend auf zahlreichen psychologischen, medizinischen und soziologischen wissenschaftlichen Arbeiten sowie wesentlichen philosophischen Abhandlungen, den Versuch unternommen, das Thema Dankbarkeit umfassend zu beleuchten. Ich bin dabei auf verschiedenste Bereiche dieser menschlichen Tugend eingegangen, von ihrem Einfluss auf die Psyche, ihrer elementaren sozialen Bedeutung, ihren diffizilen philosophischen Facetten, wie der Frage, ob Dankbarkeit eine Pflicht ist und daher verlangt werden kann, ihren stressreduzierenden und die Widerstandsfähigkeit fördernden Eigenschaften, ihrem religiös-spirituellen Wert, ihrer Bedeutung für Paarbeziehungen bis hin zu ihrem positiven Einfluss auf die schulische/akademische Leistungsfähigkeit. Ich habe mich dabei auch den Themen Undankbarkeit und Barrieren für Dankbarkeit gewidmet, die kulturellen Aspekte gestreift und Methoden präsentiert, wie wir zu einer dankbaren Haltung kommen oder sie verbessern könnten.

Dankbarkeit bedeutet deutlich mehr als ein simples *Danke* und sollte viel differenzierter betrachtet werden, als man gemeinhin annehmen würde. Meine umfangreichen Recherchen lassen mich dabei den Schluss ziehen, dass das Praktizieren von Dankbarkeit bzw. die dankbare Haltung unter anderem Wohlbefinden schafft, ein Fundament für ein gutes Miteinander der Menschen darstellt und daher wahrscheinlich auch vor Einsamkeit schützt, für ein wertschätzendes Zusammenleben von Paaren immens wichtig ist, womöglich den Schlaf verbessert und sogar den schulischen/akademischen Erfolg positiv beeinflussen könnte.

Einleitung

*Dankbarkeit ist nicht nur die größte aller Tugenden,
sondern auch die Mutter von allen.*
                    Marcus Tullius Cicero (106 v. Chr. – 43 v. Chr.)

Für Cicero ist Dankbarkeit die wichtigste Eigenschaft des Menschen und die Mutter aller Tugenden. Albert Schweitzer betonte vor allem die heilende Macht des Dankbarkeitgefühls: „Wenn du dich schwach und matt und unglücklich fühlst, fang an zu danken, damit es besser mit dir werde."[1]

Die Wurzel des Wortes Dankbarkeit kommt aus dem Lateinischen *gratia* und bezieht sich auf das Wohlwollen, das Schöne am Geben und Empfangen, die Gunst, die man jemandem erweist oder auch ohne Gegenleistung etwas zu bekommen.[2,3] Im Duden (Onlineversion Januar 2024) wird Dankbarkeit als „Gefühl, Ausdruck des Dankes; dankbare Empfindung, Gesinnung" beschrieben.

Im alltäglichen Leben scheint das Dankesagen oft ein Automatismus zu sein, bei verschiedenen Gelegenheiten ist es selbstverständlich und läuft auf einer nahezu unterbewussten Ebene ab. Erst wenn ein Danke nicht ausgesprochen wird, merkt der Wohltäter, dass etwas fehlt.

Die Fähigkeit, ehrliche Dankbarkeit auszudrücken, ist eine Tugend und ein wesentlicher Bestandteil des guten Lebens, aber auch eine positive Energiequelle, sein Leben zu verbessern. Dabei ist Dankbarkeit nicht nur eine einfache Emotion, ein kleiner Mosaikstein des schöpferischen

Kunstwerks *Homo sapiens*, sondern etwas, durch das man einen erweiterten Blick auf die Dinge bekommt und das dadurch eine besondere Bedeutung erlangt.

Einige der schönsten Momente im Leben sind jene, in denen wir spüren, dass wir Nutznießer des Guten sind, dass uns frei und großzügig geschenkt wurde. Wir können dankbar sein für die kleinen, unscheinbaren Dinge des Alltags wie ein kurzes Lächeln, das einem flüchtig zuteilwird, ein wohltuendes Gespräch, das einen aus dem täglichen Trott herausholt oder auch jegliche positive Rückmeldung, die einem oft unerwartet geschenkt wird.

Aber viel mehr ist Dankbarkeit angebracht für unsere Gesundheit, für die Familie, die Freunde und viele basale Dinge, die das Leben lebenswert machen. Und wenn man es universeller oder spiritueller betrachtet, für die Schönheit der Natur, das Leben als Gesamtes und – sind wir gläubig – für einen Schöpfer, der es ermöglicht. Im Ganzen gesehen, gibt es unendlich vieles, wofür wir dankbar sein können.

Danke. Ich schätze das. Ich bin Ihnen für Ihre Hilfe sehr dankbar. Ich hoffe, ich kann den Gefallen eines Tages erwidern und so weiter. Diese bescheidenen, alltäglichen Ausdrücke der Dankbarkeit dienen dazu, den zwischenmenschlichen Beziehungen die Kälte zu entziehen und Wertschätzung zu vermitteln.

Dankbarkeit zeigt sich dabei entweder in einzelnen Momenten des Lebens, in denen man sich für ein singuläres Ereignis dankbar fühlt, während Dankbarkeit als eine Charaktereigenschaft bewirkt, dass wir unsere Welt in einem positiven Licht sehen und uns daran erfreuen.[4–6]

Dabei wird in der wissenschaftlichen Literatur Dankbarkeit gesehen als
(1) als eine emotionale Reaktion auf die Freundlichkeit oder das Wohlwollen anderer,
(2) als eine Stimmung mit täglichen Schwankungen, die in Form einer allgemeinen Dankbarkeit die Wertschätzung dessen reflektiert, was im Leben geschätzt wird wie z. B. ein schöner Tag
(3) als ein (Personen-)Merkmal/Charakterzug (*trait*), welches/welcher eine breite Lebensorientierung widerspiegelt, in der unsere Welt gewürdigt wird.[6–8]

Das vorübergehende Gefühl der Dankbarkeit, das uns überkommt, nachdem wir ein Geschenk erhalten haben oder uns jemand einen Gefallen getan hat, ist in der Regel positiv. Auf der anderen Seite können jedoch auch negative Gefühle wie Dankesschuld oder ein Sich-verpflichtet-Fühlen Dankbarkeit begleiten, insbesondere dann, wenn der Empfänger die Wohltat nicht gewünscht hat oder befürchtet, keinen angemessenen Ausgleich schaffen zu können.

In diesem Zusammenhang wird nicht selten als Reaktion auf eine Wohltat der Ausdruck *Ich bin Ihnen etwas schuldig* oder Ähnliches verwendet, statt die klassischen Dankbarkeitsausdrücke wie z. B. *Ich bin Ihnen dankbar für ...* auszusprechen. Obwohl es auf den ersten Blick den Anschein hat, dass diese beiden Aussagen austauschbar sind, differieren sie in einem wichtigen Punkt und wirken sich auch in unterschiedlicher Weise auf die Psyche aus. Der Schuldausdruck, der mit einer Verpflichtung einhergeht, fühlt sich, wie oben angeführt, negativ und unangenehm an, während Dankbarkeit normalerweise mit Lebenszufriedenheit und verschiedenen Komponenten des Wohlbefindens, wie Freude, assoziiert ist.[8]

Dankbare Menschen sind offen und weniger neurotisch, wie Studien gezeigt haben. Sie ärgern sich seltener, sind weniger feindselig, deprimiert und emotional verletzbar. Dankbare Personen strahlen auch zwischenmenschliche Wärme aus, sie sind sozialer, gehen anders auf ihre Mitmenschen zu. Sie sind offener für ihre Gefühle, Ideen und Werte und folgen einer humanistischen Ausrichtung des Lebens.[6] Gerade in Krisenzeiten und bei Krankheiten kann das Pflegen von Dankbarkeit therapeutisch wirken. Sie ist ein Mittel gegen depressive Verstimmungen, Angst und Verzweiflung, erhöht das subjektive und psychische Wohlbefinden und ist für ein gutes Miteinander fundamental – aber nicht nur das, wie ich in diesem Buch umfassend, zahlreiche wissenschaftliche Publikationen und sozio-philosophische Abhandlungen einbeziehend, darstellen werde.

Anmerkung: Der Begriff Wohlbefinden umfasst in der Psychologie ein komplexes Konzept, das verschiedene Aspekte der mentalen Gesundheit und Zufriedenheit vereint. In diesem Buch verwende ich den Begriff Wohlbefinden ausschließlich für positive, psychologische Aspekte wie z. B. Freude, Glück und Lebenszufriedenheit. Negative psychische Aspekte wie depressive Verstimmungen und Angst etc. werden als solche angeführt.

1. Philosophie der Dankbarkeit

Anlehnend an die herrschende Lehre werden dem Philosophen Thomas Nisters zufolge zwei Arten der Dankbarkeit unterschieden.[9]

Eine der beiden beinhaltet zwei miteinander in Beziehung stehende Variablen, eine sogenannte dyadische Konfiguration. Dabei steht eine Variable für die dankbare Person und die andere für den vorteilhaften Zustand oder das Ereignis, wofür diese Person dankbar ist. So kann man für einen leichten Verlauf einer COVID-19-Erkrankung dankbar sein oder auch für ein herrliches Wetter während eines Skitags. Der Satz *Person A ist dankbar für X* reflektiert diese Art der Dankbarkeit, die keine wohltätig agierende Person inkludiert. In der englischsprachigen Literatur wird diese Form der Dankbarkeit als *propositional gratitude*[10] oder als *gratitude that*[9] bezeichnet.

Die zweite Form der Dankbarkeit ist als dreistellige Beziehung fassbar zwischen dem/der dankbaren Begünstigten, der Gunst, wofür die Person dankbar ist, und einen/einer Wohltäter*in oder Begünstigenden, der/die eine dankeswürdige Wohltat erwiesen hat. Anlehnend an den Philosophen Tony Manela reflektiert die Bezeichnung *gratitude to* diese Beziehung[11] und wird als *prepositional gratitude* bezeichnet. So kann ich einem/einer Freund*in dankbar sein, der/die mir z. B. bei einer Reparatur geholfen hat. Der Satz *Person A (Wohltatempfänger*in) ist Person B (Wohltäter*in) dankbar für X (Wohltat)* spiegelt diese Art der Dankbarkeit. Die psychologische und philosophische Auseinandersetzung mit Dankbarkeit fokussiert sich primär auf diese Form.[12]

Beide Formen der Dankbarkeit müssen nicht miteinander einhergehen. Stellen Sie sich zum Beispiel vor, dass Sie von Ihrem/Ihrer Chef*in, mit dem/der Sie sich nicht besonders gut verstehen, in Ihr Lieblingsrestaurant zu einem Mitarbeiter*innen-Abendessen im kleinen Kreis eingeladen werden. Sie werden in diesem Fall zwar dankbar für das Abendessen sein, auf dass Sie sich freuen, aber vielleicht nicht unbedingt Ihrem/Ihrer Chef*in, der/die möglicherweise mit dieser Geste Hintergedanken hegt.

Ein anderes Beispiel wäre das eines ertrinkenden Seemanns, der durch eine hohe Welle an eine abgelegene Insel gespült wird.[13] Dieser wird zwar dankbar sein, dass die Welle sein Leben gerettet hat, aber nicht den Inselbewohnern*innen, die ihn am Strand stehend feindselig empfangen, weil sie über die plötzliche Ankunft eines Fremden überhaupt nicht erfreut sind und ihn gerne sofort wieder retour ins offene Meer befördern würden.

Eine wichtige Ausnahme für diese beiden Dankbarkeitsformen bildet die Dankbarkeit gegenüber Gott, die sich in diesem Fall auf keine Person B bezieht und sowohl ein universell zu sehendes als auch tatspezifisches X inkludiert.

In der Literatur gibt es Meinungen, die behaupten, dass nur die dreifaktorielle Beziehung wirkliche Dankbarkeit hervorrufen kann. Es muss demnach jemanden geben, dem/der man dankbar ist.[14] Sonst wäre es keine wirkliche Dankbarkeit. Die Frage ist dabei, ob etwas Unbelebtes auch den Platz eines Menschen einnehmen kann. Kann man einem Seil dankbar sein, das einen vor dem Sturz aus dem fünften Stock eines Hochhauses bewahrt hat? Grundsätzlich ist das natürlich möglich. Nichtsdestotrotz erscheint es jedoch merkwürdig, einem unbelebten Ding Dankbarkeit zu erweisen. Ein anderes Beispiel wäre der unter

Bergsteigern beliebte Spruch *Ich bin dem Berg dankbar, dass er da ist*. Ein Berg kann einem nichts geben.

Daher ist die Bezeichnung *dankbar für* im dyadischen Sinne vollständig durch andere Ausdrücke wie *froh über* oder auch *erleichtert über* ersetzbar, die wenig von dem spezifischeren, höheren Sinn der Dankbarkeit aufweisen. Insofern scheint laut David Carr der dyadische Sinn der Dankbarkeit einen lockereren, sekundären oder eher figurativen Sinn des Begriffs widerzuspiegeln, dem etwas von der ausgeprägten Intentionalität der triadischen oder wohltäterorientierten Dankbarkeit fehlt.[15]

Auch wenn wir für einen schönen Tag, für unsere Gesundheit oder für einen Zustand im Allgemeinen Dankbarkeit empfinden, steckt doch in der Regel ein anderer Mensch oder auch ein größeres Prinzip dahinter, der bzw. das diese Situation ermöglicht hat.

Dankbarkeit ist daher vor allem ein durch eine vorausgegangene dankeswürdige Wohltat von Freude begleitetes Wohlwollen und richtet sich auf den/die Wohltäter*in.[16, 17] Thomas Nisters sieht diesbezüglich Dankbarkeit als „Spiegelwohlwollen" an.[9, 16] Eine komplette dankeswürdige Wohltat impliziert, dass das Verhalten des Wohltäters oder der Wohltäterin gegenüber dem/der Wohltatempfänger*in laut Thomas Nisters wenigstens fünf Bedingungen erfüllt:[9, 16]

Bedingung 1: Das Verhalten des Wohltäters/der Wohltäterin gegenüber dem/der Wohltatempfänger*in muss Letzterem/Letzterer guttun. Ein neutrales oder unter Umständen sogar nachteiliges Verhalten ist keine Wohltat, die dankeswürdig wäre.

Bedingung 2: Das Verhalten des Wohltäters/der Wohltäterin gegenüber dem/der Wohltatempfänger*in muss freiwillig, bewusst und ohne Druck erfolgen. Ein Verhalten, dass erzwungen ist, gehört nicht zu einer dankeswürdigen Wohltat. Auch nicht eine Wohltat, die irrtümlich, durch Glück oder Zufall erfolgt.

Bedingung 3: Das Verhalten muss auf das Wohl des/der Wohltatempfänger*in abzielen. Ein Verhalten, das primär dem Wohl des Wohltäters/der Wohltäterin zugutekommt oder von dem hauptsächlich Dritte profitieren, ist keine dankeswürdige Wohltat für den/die Wohltatempfänger*in.

Bedingung 4: Der/die Wohltäter*in wird nicht durch eine z. B. rechtliche Pflicht verleitet oder gezwungen, die Wohltat zu erbringen.

Bedingung 5: Die Wohltat ist keine Rückerstattung.

Gerechtigkeit setzt eine angemessene Begleichung der Schuld voraus. Die gebührende Begleichung einer Wohltat ist jedoch schwer möglich. Ein Geschenk ist nicht ein Kredit, den man sogar mit Zinsen zurückzahlen muss. Eine Wohltat erfolgt freiwillig aus einem inneren, menschlichen Impuls heraus. Daher würde eine Erwiderung einer früheren Wohltat, die über das Notwendige hinausgeht oder andererseits die ursprüngliche Wohltat deutlich unterbietet, der Transzendenz einer freiwilligen Wohltat widersprechen. Nichtsdestotrotz ist eine Erwiderung erwünscht und wird unter Umständen sogar evtl. erwartet.

Auf die Wohltat kann sich der/die Empfänger*in dankbar oder undankbar zeigen. Undankbarkeit inkludiert dabei entweder eine einfache Unterlassung oder sogar eine feindselige Reaktion und gilt als verwerflich. Durch das Danken als solches und manchmal auch im Nachhinein durch reziproke Erwiderung der Gunst gilt hingegen Dankbarkeit als löblich und beinhaltet Freude und Wohlbefinden durch etwas, dass einem geschenkt wurde.

1.1 Ist Dankbarkeit eine Pflicht?

In einer Nebenbemerkung seiner Abhandlung *Utilitarianism* aus dem Jahr 1861 bezeichnet John Stuart Mill (1806–1873) Dankbarkeit als Rechtspflicht.[18] Wenn dem so wäre, könnte sie eingeklagt werden. Das wäre natürlich in gewisser Weise lächerlich und nicht umsetzbar. Außerdem kann, wie in der offiziellen Rechtsprechung erforderlich, der entsprechende Gegenwert einer Wohltat nicht ermittelt werden, und allein aus diesem Grund kann Dankbarkeit keine Rechtspflicht sein.

Möglicherweise könnte man jemanden zwingen, *Danke* zu sagen, auch wenn er oder sie es ablehnt oder sogar verabscheut. Der eigentliche Wert der Dankbarkeit ist jedoch der Moralische. Ein *Danke* sollte aus moralischer Überzeugung kommen, wenn überhaupt idealerweise aus einer *Tugendpflicht* heraus. Diese unterscheidet sich nach Immanuel Kant (1724–1804) von einer „Rechtspflicht wesentlich" dadurch, dass „zu dieser ein äußerer Zwang moralisch möglich ist", während „jene aber auf dem freien Selbstzwange allein beruht".[19]

Kant zählt Dankbarkeit zu den wichtigsten positiven Pflichten der Nächstenliebe, zusammen mit der Wohltätigkeit und dem Mitgefühl. Er schreibt in der Tugendlehre seines Werkes *Die Metaphysik der Sitten*: „Dankbarkeit ist Pflicht, d. i. nicht bloß eine Klugheitsmaxime"[19]. Er verstärkt die Bedeutung der Dankbarkeit, in dem er Dankbarkeit als „heilige Pflicht" hervorhebt und damit Dankbarkeit einen besonderen Status einräumt.

Als „Pflicht" in der Moralphilosophie werden Handlungen bezeichnet, die man tun sollte, auch wenn man es vielleicht nicht tun will, wohingegen Dinge, die man nicht tun darf, obwohl man sie vielleicht tun will, als verboten bezeichnet werden. Dinge, die man nach Belieben tun darf, sind „erlaubt" oder „moralisch indifferent".[20] Nach Kant sollten sich die Menschen daher auf die Tugendmaxime der Dankbarkeit verpflichten und dementsprechend handeln.

1. Philosophie der Dankbarkeit

Die *Kantsche Extreme* hinsichtlich Dankbarkeit zeigt sich auch bezüglich der Erwiderung der Wohltat. Diese Reziprozität des/der Begünstigten sollte laut Kant *mindestens* so viel betragen wie die Wohltat, was impliziert, dass noch mehr wünschenswert wäre: „Der mindeste Grad ist, *gleiche* Dienstleistungen dem Wohltäter, der dieser empfänglich (noch lebend) ist, und wenn er es nicht ist, anderen zu erweisen."[19]

Weiter heißt es: „[…] die Verbindlichkeit [kann] durch keinen ihr gemäßen Akt völlig getilgt werden", weil „der Empfänger den Vorzug des Verdienstes, den der Geber hat, nämlich der erste im Wohlwollen gewesen zu sein, diesem nie abgewinnen kann"[19]. Der/die Geber*in hat als Erster/Erste das Geschenk einer Wohltat erbracht, ohne Einfluss des Empfängers oder der Empfängerin. Dieses Geschenk kann nicht rückgängig gemacht und daher nicht „völlig getilgt werden"[19]. Der/die Empfänger*in muss extrem formuliert stets dankbar sein.

Daraus lässt sich folgern, dass eine Wohltat laut Kant nie zur Gänze erwidert werden kann. Bedeutet das dann, dass man für eine genossene Wohltat bis zum Ende aller Zeiten dankbar sein muss? Eine unrealistische theoretische Überlegung. Diese unerfüllbare Dankesschuld würde zwangsläufig, sofern sie ernst genommen wird, zu einer teils verzweifelten Stimmung führen. So gesehen kann Dankbarkeit keine Pflicht sein. Relevant wäre, wenn überhaupt, eine lebenslange moralische dankbare Verpflichtung, möglicherweise nur bei außergewöhnlichen Taten, wie das Retten eines Lebens. Auch dann kann man von niemandem verlangen, dass er seine ganze dankbare Existenz auf dieses singuläre Ereignis fokussiert.

Kant geht sogar so weit, dass bereits nur die wohlwollende Absicht dankenswert ist: „Aber, auch ohne einen solchen Akt (des Wohltuns) ist selbst das bloße herzliche Wohlwollen schon Grund der Verpflichtung zur Dankbarkeit."[19]

Einige Philosophen bestreiten jedoch die Behauptung, dass die präpositionale Dankbarkeit einen Wunsch oder eine Tendenz aufweist,

1. Philosophie der Dankbarkeit

etwas zurückzugeben. Roslyn Weiss zum Beispiel schreibt, dass die Tendenz, etwas zurückzugeben, auch charakteristisch für Gerechtigkeit ist.[21] Patrick Fitzgerald behauptet in ähnlicher Weise, dass der Wunsch, etwas zurückzugeben, auch auf Gegenseitigkeit beruht – eine Tugend, die auch ohne Gefühle von Dankbarkeit einhergehen kann.[22]

Darüber hinaus sollte das, was man zurückgibt, nicht identisch mit der Wohltat sein. Wenn Sie zu einer Abendeinladung von Ihren Gästen eine Flasche Zweigelt eines bestimmten Weinguts geschenkt bekommen, ist es mehr als ungeschickt, die gleiche Flasche bei einer Gegeneinladung zu verschenken. Das würde auf Gleichgültigkeit und fehlendes soziales Verständnis hinweisen.

Nicht nur die empfangende, auch die gebende Person unterliegt in einer Wohltat Kant zufolge gewissen moralischen Pflichten. Sie sollte eine ehrliche, uneigennützige Absicht, die frei von Selbstinteresse ist, verfolgen und durch seine Wohltat Freude bei dem/der Empfänger*in auslösen „Wohltätig, d. i. anderen Menschen in Nöten zu ihrer Glückseligkeit, ohne dafür etwas zu hoffen, nach seinem Vermögen beförderlich zu sein, ist jedes Menschen Pflicht."[19] Alles in allem sollte es eine rein altruistisch motiviert Aktion abbilden.

Überdies sollte es sich nicht um eine Zwangsbeglückung handeln; jemandem eine Wohltat aufzuzwingen, ist moralisch verwerflich: „Ich kann niemand nach *meinen* Begriffen von Glückseligkeit wohltun (außer unmündigen Kindern oder Gestörten[i]), sondern nach *jenes* seinen Begriffen, dem ich eine Wohltat zu erweisen denke, indem ich ihm ein Geschenk aufdringe."[19]

Wesentlich und erstrebenswert ist, dass die Wohltat *jedem* Menschen, ob gut oder schlecht, zuteilwerden sollte: „Anderen Menschen nach

---

[i] Der Begriff „Gestörte", wie in diesem Zitat verwendet, reflektiert die Sprache und das Verständnis des 18. Jahrhunderts und sollte im zeitgenössischen Kontext mit Vorsicht betrachtet werden. Seine Verwendung reflektiert nicht moderne Ansichten zu psychischer Gesundheit.

unserem Vermögen *wohlzutun* ist Pflicht, man mag sie lieben oder nicht, und diese Pflicht verliert nichts an ihrem Gewicht"[19] und weiter: „Denn das Wohlwollen bleibt immer Pflicht, selbst gegen den Menschenhasser, den man freilich nicht lieben, aber ihm doch Gutes erweisen kann." Durch einen Gewöhnungseffekt kann das Wohlwollen dann auch die Nächstenliebe verstärken: „[…] *tue* deinem Nebenmenschen *wohl*, und dieses Wohltun wird Menschenliebe (als Fertigkeit der Neigung zum Wohltun überhaupt) in dir bewirken!"[19] Kant stellt dabei eine starke Verknüpfung zur christlichen Denkweise her und bezeugt, dass sogar gegenüber moralisch verwerflichen Fremden wohlwollendes Verhalten positive Gefühle und sogar (Nächsten)liebe hervorrufen kann.[19, 23] Alles in allem weist Kant auf die elementare soziale Bedeutung der Dankbarkeit für ein harmonisches Zusammenleben der Menschen hin.

1.2 Dankbarkeit als wirtschaftliches Denken

Dankbarkeit wird gelegentlich auch aus der Perspektive der wirtschaftlichen Gegenseitigkeit wahrgenommen, d. h. aus der einfachen Logik des *quid pro quo*[24]. Wenn wir ein Brot kaufen, sagen wir *Danke*. Eigentlich wäre das nicht notwendig, da wir ja das Brot bezahlen. Für die erbrachte Dienstleistung wäre es auch nicht erforderlich, da der/die Verkäufer*in hinter dem Tresen sein/ihr Gehalt bekommt und daher nur seinen/ihren Job macht. Es stellt sich die Frage, ob wir auch jemandem dankbar sein müssen, der nur seine Pflicht erfüllt wie ein*e Verkäufer*in. Dank wäre möglicherweise dann angebracht, wenn mir seine/ihre Dienstleistung in einer besonders freundlichen und vielleicht sogar bemühten Art erbracht wird, sozusagen über die vertragliche Pflicht eines Verkäufers oder einer Verkäuferin hinaus.

Müssen wir so gesehen auch Ärzten und Ärztinnen und Rettungskräften dankbar sein, wenn sie nur ihre Pflicht tun? Gibt es einen Unterschied zum/zur Brotverkäufer*in? Man könnte argumentieren, dass wenn die *Gesundheit* auf dem Spiel steht, die Situation eine andere darstellt als ein einfacher *Brotkauf.* Das Retten eines Lebens geht auf jeden Fall über die simple Weitergabe eines Brotlaibs hinaus, auch wenn dies ebenfalls nur eine Dienstleistung darstellt, die in der Dienstzeit erbracht wird.

Würde man nicht andererseits die Dienstleistung des Verkäufers oder der Verkäuferin diskreditieren, die im Vergleich zu einem Arzt oder einer Ärztin noch dazu viel weniger Gehalt erhält, wenn man ihm/ihr den Dank verwehrt? Wäre dies nicht eine Art von Diskriminierung?

Bei der Beantwortung dieser schwirigen Fragen müsste auch die Perspektive der Geberin oder des Gebers berücksichtigt werden. Was erwartet der Notarzt oder die Notärztin, der/die gerade den Patienten oder die Patientin wieder ins Diesseits zurückgeholt hat? Was erwartet der/die Brotverkäufer*in, nachdem er/sie einen halben Laib Brot in Fließbandmanier verkauft hat? Es kommt auch auf die Einstellung des Gebers/der Geberin an. Ein demütiger Arzt oder eine Ärztin wird unter Umständen Undank besser akzeptieren als eine gestresste Verkäuferin oder Verkäufer im Prä-Burn-out, die/der auf jegliche positive Rückmeldung, so winzig sie auch sein mag, angewiesen ist.

Strenggenommen und nüchtern betrachtet, müsste man (aber *sollte* sehr wohl*)* auch den Eltern nicht dankbar sein, wenn sie ihre basale Pflicht erfüllen und uns zuverlässig und sicher bis ins Erwachsenalter durchbringen. Wenn Sie es jedoch liebevoll, motivierend und wertschätzend tun, gebührt ihnen meiner Meinung nach Dankbarkeit. Insbesondere, wenn es um Handlungen geht, materieller oder emotionaler Art, die über die elterlichen Pflichten hinausgehen, und diese womöglich sogar den Eltern ein Opfer abverlangen, wäre aufrichtig artikulierte Dankbarkeit mehr als angemessen und könnte meines Erachtens auch eingefordert werden.

Zudem muss sich eine authentische, dankbare Haltung erst entwickeln, dies geschieht mit dem Älterwerden, weil sie auf Erinnerungen und Erfahrungen aufbaut. Das Empfinden von Dankbarkeit entsteht durch einen erweiterten Blick auf die Welt, wenn man selbst Dankbarkeit erfahren hat, sich der dauerhaften Unterstützung der Eltern bewusst geworden ist und daraus den Wert der Dankbarkeit schätzen lernt. Echter Dank ist eine Frage der Zeit. Mehr als ein schlichtes Danke von Kindern und Jugendlichen im Alltag zu erwarten, wäre daher wahrscheinlich eine unrealistische Einstellung.

Schließlich müssten zum Beispiel auch Geflüchtete nicht dankbar sein, wie es gelegentlich vor allem von Politikern gefordert wird, weil die Aufnahme eines Asylsuchenden eine humane Pflicht dargestellt, und er/sie ein Recht darauf hat. Kein Mensch muss für etwas dankbar sein, worauf er ein Recht hat. Dennoch wäre es wünschenswert, wenn Geflüchtete Dankbarkeit zeigten für Dinge, die über die simple Aufnahme hinausgehen wie Marie-Luise Raters in einer philosophischen Abhandlung über Dankbarkeit geschrieben hat: „Ich denke, dass man tatsächlich dankbar sein sollte, wenn man warmherzig aufgenommen wird, weil es kein Recht auf ‚Warmherzigkeit' gibt."[18] Was bedeutet jedoch „warmherzig aufgenommen werden"? Warmherzigkeit wird subjektiv empfunden. Ein Lächeln bei der Ankunft am Bahnsteig ist nur eine flüchtige Geste und bietet noch keine Lebensgrundlage. Es ist mehr notwendig, um einem verunsicherten, unter Umständen traumatisierten Menschen in einem fremden Land das Gefühl zu geben, willkommen zu sein.

1.3 Dankbarkeit als Antwort auf supererogatorisches Handeln

Angemessene Dankbarkeit sollte vor allem nach einem supererogatorischem Handeln des Wohltäters/der Wohltäterin, d.h. einer Gunst, die über normales, wohlwollendes Verhalten hinausgeht, ausgedrückt werden.

1. Philosophie der Dankbarkeit

In der Scholastik wurden mit *opera supererogationis* überpflichtmäßige gute Taten bezeichnet, mit denen man Sünden begleichen oder sich vor Gott Verdienste erwerben konnte.[18] Wiederaktiviert wurde der Begriff durch den Philosophen James Urmson (1915–2012), der in seinem Essay *Saints and Heroes* von 1958 moralisch außergewöhnliche Taten als „Supererogationen" bezeichnet hat. Der Begriff „Supererogation" wird dabei in der Moralphilosophie für Taten herangezogen, die trotz ihres hohen moralischen Werts nicht als Pflicht angesehen werden.[18, 25, 26]

Der Philosoph David Heyd versteht unter supererogatischen Handlungen gemeinhin solche, die der Mensch über seine religiöse und moralische Pflicht hinaus tut, d. h. mehr als er tun sollte oder muss[26] – es handelt sich dabei um eine Art Pflicht-Übererfüllung.[20] Es sind laut der Philosophin Marie-Luise Raters Taten, „bei [denen] man trotz ihres moralischen Werts vernünftigerweise dennoch nicht wollen kann, dass die Handlung allgemeine Pflicht sein sollte."[18, 27]

Eine Steigerung wäre Raters zufolge eine „Ultraerogation", eine moralisch wertvolle Handlung, die man sich nicht als allgemeine Pflicht wünschen kann, weil sie den Handelnden als solchen gefährden würde.

Raters erwähnt als Beispiel den 24-jährigen Mamoudo Gassama aus Mali, der an der Außenfassade eines Pariser Hochhauses bis zu einem Balkon im vierten Stock geklettert ist, um einen vierjährigen Jungen zu retten, der außen am Geländer des Balkons hing.[18, 28] Gassama hat sein eigenes Leben für das Kind in Gefahr gebracht. Daher entspricht seine Handlung einer Ultraerogation: Trotz ihres hohen moralischen Wertes würde sie niemand als seine Pflicht ansehen. Auch wird niemand ein Selbstopfer gutheißen, vor allem im religiösen Kontext, wenn ein Glaube an ein Leben nach dem Tod herrscht.

Es gibt genug andere Beispiele für Ultraerogation, wie zum Beispiel die Rettung eines Menschen vor dem Ertrinken in der Mitte eines eiskalten Sees im Winter durch einen Passanten.

Wie weit sollte, darf meine Hilfeleistung gehen? Ist es erstrebenswert, sich in den Helden- oder Heldinnenstatus zu helfen oder sogar ein *Heiliger* oder eine *Heilige* zu werden? Sollte meine Hilfeleistung so weit gehen, bis ich leide oder verarme, weil ich den Hauptteil meines Gehalts an karitative Organisationen gespendet habe? Wäre das zu vertreten? Auf der anderen Seite – sollte man nicht moralphilosophisch immer zum Besseren tendieren? Was aber ist überhaupt das Bessere?

Auch die Motive der bzw. des Einzelnen sind bei super- oder ultraerogativen Handlungen wichtig. Stellen Sie sich anlehnend an ein Beispiel des Philosophen Alfred Archer folgenden Fall[29] vor:

Angenommen, eine machtgierige Misanthropin stellt sich zur Wahl als Bürgermeisterin. Sie erstrebt dieses Amt, um ihre bösen Pläne noch effektiver umsetzen zu können. Die Kandidatin kommt an einem brennenden Haus vorbei und hört, wie ein Kind um Hilfe schreit. Sie glaubt, dass die Rettung des Kindes ihr bei der bevorstehenden Wahl einige Stimmen bringen könnte und rettet daher unter Einsatz ihres Lebens das Kind.

So gesehen hat sie super- und sogar ultraerogatorisch gehandelt. Ihre Beweggründe waren jedoch nicht ausschließlich altruistisch. Ihr Ziel war es vielleicht, auch das Leben des Kindes zu retten, da solch eine Hilfeleistung ein dem Menschen innewohnendes Bedürfnis darstellt, aber ihre Hauptmotivation fokussierte sich auf das Akquirieren von Bürgerstimmen. Unter Kenntnis der eigentlichen Beweggründe dieser Rettungsaktion wäre es daher nicht legitim, diese Handlung als supererogativ zu bezeichnen, da sie nicht *jenseits der Pflicht* des Wohltäters einzustufen ist.

Eine weitere Steigerung einer ultraerogatorischen Handlung wäre folgendes, rein fiktives Gedankenexperiment: Der 17-jährige Matthias benötigt dringend ein neues Herz. Nach längerer Recherche kommt auf der ganzen Welt vom Spenderprofil nur das Herz seines 60-jährigen Vaters Paul infrage. Vater und Sohn haben ein gutes Verhältnis. Matthias ist in einer liebevollen Umgebung als Einzelkind aufgewachsen. Er ist ein empathischer, sozialer Mensch, der den großen Wunsch hegt, Medizin zu studieren. Sein Vater Paul, ein gläubiger, aber nicht religiöser Christ, führte bis vor ein paar Jahren ein zufriedenes Leben. Allerdings versetzte ihn eine Aneinanderreihung von stark belastenden Ereignissen in eine depressive Verstimmung, die ihn freud- und teilnahmslos machte. Zuerst ließ sich seine Frau wegen seiner Affäre, die er im Nachhinein sehr bereute, von ihm scheiden, dann distanzierten sich die engsten Freunde von ihm, und schließlich verlor er seinen Job, was ihn in eine scheinbar ausweglose Einsamkeit schlittern ließ. Seine gedrückte Stimmung wurde dann durch die unerwartete Krankheit seines geliebten Sohnes und die darauffolgende dramatische Entwicklung weiter verschlechtert. Die Suche nach einem Spenderherz gestaltete sich sehr schwierig, und zum Schluss blieb eben nur ein kompatibles Herz übrig – das von Paul selbst. Nachdem er vom Herzchirurgen darüber informiert wurde, ging Paul nach Hause, um über diese schwerwiegende Entscheidung nachzudenken. Sein erster Instinkt drängte ihn, sein Herz und sein Leben für seinen Sohn zu opfern. Doch sein Handeln könnte als eine Art von Suizid angesehen werden, was wiederum seine Religion verbietet. Andererseits hätte er das Leben seines Sohnes gerettet. Für einen endgültigen Abschied sprach, dass er im Großen und Ganzen ein gutes Leben geführt hatte und der Zeitpunkt, diese Welt zu verlassen, womöglich nicht besser gewählt sein könnte. Er befand sich auf dem absteigenden Weg, und dies wäre eine letzte Handlung gewesen, die vielleicht *ganz oben* auf Verständnis stoßen könnte, überlegte er. Obwohl er im Alter von 60 Jahren noch durchaus 20 Jahre oder mehr zu leben hatte, schien diese Zeit im Vergleich zu den potenziellen vielen Jahren, die sein Sohn Matthias bekommen könnte, von geringer Bedeutung zu sein.

Darf man sein Leben für ein anderes *verschenken*? Wenn ja, unter welchen Umständen? Wäre es unter Extrembedingungen, wenn wirklich *alle* Möglichkeiten ausgeschöpft wurden, moralisch vertretbar, ein altes Leben gegen ein junges oder ein krankes gegen ein gesundes zu opfern? Die Antworten darauf bleiben jedem selbst überlassen. Wäre es vertretbar unter Gleichaltrigen oder ähnlichen Voraussetzungen? Wenn sich z. B. ein Soldat auf eine Handgranate wirft, um das Leben seines Kameraden zu schützen, ist dieses Opfer eine *donatio finalis*, die über das Ultraerogatorische hinausgeht, und ethisch höchst problematisch erscheint.

Die Religion bietet auf diese Form der extremen Selbstaufopferung keine Antwort. In den traditionellen monotheistischen Religionen gilt die Vernichtung des eigenen Lebens, unter welchen Umständen sie auch stattfinden mag, als eine Sünde. Pauls Fall unterscheidet sich jedoch von Suizidalen, deren Motivation (aus Sicht des/der Außenstehenden) die sinnlose Zerstörung des eigenen Lebens ist.

Wie aber würde unabhängig von Pauls Sichtweise sein Sohn Matthias reagieren? Kann er dieses Geschenk überhaupt annehmen? Es gibt Geschenke, die man aus moralischen Gründen nicht wollen würde. Die super- bzw. vor allem ultraerogatorischen Handlungen würden dies implizieren. Geschenke, die moralisch problematisch sind, kann und vor allem sollte man verweigern. Insbesondere, wenn sie einen kriminellen Hintergrund haben, aber auch, wenn sie das Leben des Wohltäters oder der Wohltäterin gefährden würden. Niemand würde bewusst wollen, dass das Leben eines/einer anderen aufs Spiel gesetzt wird.

Würde man aus einem brennenden Gebäude gerettet werden wollen? Diese zugegeben blödsinnige Frage stellt sich klarerweise nicht, der Mensch klammert sich an jeden Grashalm. Die eigentliche Frage ist: Würde man wollen, dass jemand freiwillig sein Leben für einen riskiert? In der Verzweiflung würde man vielleicht darauf hoffen, aber es zu verlangen, wäre eine moralisch verwerfliche Tat. Das Geschenk seines Vaters zu akzeptieren, wäre für Matthias womöglich ein Leben lang eine moralische Bürde.

Was ist die Motivation, supererogativ zu handeln?

Es könnte am *Heroismus-Paradox* liegen.[30, 31] Marie-Luise Raters beschreibt in ihrer Abhandlung über das Heroismus-Paradox als Beispiel den polnischen Christen und Automechaniker Staszek Jackowski, der 32 jüdische Menschen für 18 Monate vor der Deportation durch die Nazis in einem Keller unter seinem Haus versteckte. Jackowski war sich über das Risiko bewusst: Er wäre zu Tode gefoltert worden, wären die Nazis dahintergekommen. Als er mit der Yad-Vashem-Medaille ausgezeichnet werden sollte, soll er geäußert haben, er halte sich nicht für einen Helden, nur einen Mann, der seine Pflicht getan habe, indem er jüdischen Menschen sein Heim öffnete.[31] Viele Menschen, die ihr Leben gefährden, sagen, sie hätten *nur ihre Pflicht getan*. Woran könnte das liegen? Echte oder falsche Bescheidenheit könnte zu den Gründen zählen, wobei bei Letzterer die lebensgefährliche Handlung als Ausdruck der eigenen Einzigartigkeit hervorgehoben wird.[31] Ein weiterer Grund für solche selbstgefährdenden Aktionen könnte auch eine falsche Einschätzung der Situation sein[30] bzw. auch eine extreme Risikobereitschaft. Außerdem könnten ausgesprochen hohe religiöse Ansprüche und damit verbunden der Glaube, im Jenseits für die guten Taten belohnt zu werden, eine Rolle spielen. Vom moralischen Aspekt könnte natürlich auch das immanente Bestreben, ein besonders guter Mensch zu sein, erklären, warum jemand super- bzw. ultraerogatorisch handelt.[31]

Wenn der Wohltäter sich selbst gefährdet, ist eine Grenze der moralisch motivierten Handlung erreicht, die man einem Menschen zumuten kann. Niemand darf zu einer Handlung gezwungen werden. Jegliche Einmischung, Kritik und Vorwürfe wären moralisch verwerflich, wenn das eigene Leben des Wohltäters gefährdet wird. Anlehnend an das obige Beispiel wäre daher ein *Bitte spende dein Herz* von Matthias an seinen Vater nicht nur skurril und unethisch, sondern trotz seiner verzweifelten Situation ein Zeichen von Charakterschwäche.

1.4 Seneca und Dankbarkeit

Der römische Philosoph Seneca (ca. 4 v. Chr. – 64 n. Chr.) widmet sich in seinem 81. Brief an Lucius eingehend dem Thema der Dankbarkeit. Seneca bemerkt, dass die Einstellung des/der Gebenden entscheidend für die Dankesreaktion des/der Empfangenden ist.

„Die Gesinnung also, in welcher eine Gabe gereicht wird, ist bestimmend für das gegenseitige Schuldverhältnis, und sie – die Gabe – wird nicht abgeschätzt nach der Größe, sondern nach dem Willen, aus dem sie hervorgegangen."[32]

Des Weiteren sieht Seneca eine enge Verbindung zwischen Dankbarkeit, Gefühlen, sozialen Faktoren: „Nun ist aber die Dankerstattung ein Teil der Liebe und Freundschaft" sowie der Tugendhaftigkeit.[32]

Für Seneca ist das Geben, die dankbare Erwiderung, eine stärkere Quelle der Freude als das Nehmen, das Empfangen einer Wohltat. Er schreibt: „Ist doch, wer Schulden bezahlt, in heitererer Stimmung als der, der sie aufnimmt" und weiter „ich bin dankbar, nicht damit der andere [...] sich mir umso gefälliger erweise [...] ich bin dankbar nicht weil es nützt, sondern weil es Freude macht".[32]

Seneca thematisiert auch die Undankbarkeit. Dankbarkeit ist ausschließlich moralisch positiv, Undankbarkeit jedoch das Gegenteil. Aber statt die undankbare Reaktion auf den/die Wohltäter*in zu beziehen, der/die dadurch einen emotionalen Schaden erleidet, stellt er den Undankbaren bzw. die Undankbare in den Mittelpunkt, der/die sich durch sein/ihr Verhalten selbst nichts Gutes tut:

„Laß uns daher die Undankbarkeit meiden, nicht um anderer sondern unser selbst willen. [...] Der Undankbare quält und zermartert sich."[32] Absichtlich verweigerter Dank schädigt demnach nicht nur den/die Wohltäter*in, sondern beeinträchtigt nach Seneca auch in irgendeiner Form den/die Empfangenden der Wohltat.

Alles in allem hatte Seneca bereits vor 2000 Jahren die Bedeutung der Dankbarkeit für das Individuum und die Gesellschaft erkannt. Seiner Zeit deutlich voraus hat er dabei vor allem den positiven Einfluss der dankbaren Haltung auf unser Wohlbefinden thematisiert, etwas was erst in den vergangenen 20 bis 30 Jahren systematisch untersucht und bestätigt wurde – Dankbarkeit zu zeigen, bereitet Freude, während ihr Fehlen ein Gefühl von Unzufriedenheit mit sich bringt.

1.5. Die dankbare Antwort

Eine *dankbare Antwort* besteht aus verschiedenen Elementen, nämlich kognitiven, affektiven, kommunikativen und konativen.[10, 33]

Die kognitiven Elemente der Dankbarkeit beziehen sich auf bestimmte Überzeugungen, insbesondere die, dass eine wohltätige Handlung erfolgt ist. Zusätzlich gehört auch die Überzeugung dazu, dass die Handlung bewusst vollzogen wurde, einschließlich den damit zusammenhängenden Voraussetzungen des Wohltäters oder der Wohltäterin.[11, 12] Dazu gehört auch der Glaube, dass der/die Wohltäter*in die Absicht hatte, dem/der Begünstigten zu helfen und dass diese Hilfe über seine/ihre Pflicht hinausging. Die empfangende Person muss nicht nur erkennen, dass ihr eine Wohltat erwiesen wurde, sie muss auch das Ausmaß und die Tragweite der gezeigten Wohltat gut einschätzen können. Daraus kann sie dann zu vernünftigen Schlussfolgerungen kommen. Ein adäquat dankbarer Begünstigter oder eine Begünstigte wird etwa den Unterschied zwischen einer wohlhabenden und einer ärmeren Person erkennen, die ihm/ihr einen bestimmten Geldbetrag schenkt. Er/sie wird eventuell auch eher den Unterschied zwischen jemandem erkennen, der ihm/ihr zufällig, freudlos Geld in den Hut wirft und jemandem, der ihm/ihr bewusst und mit Bedacht Geld spendet. Eine begünstigte Person, die das nicht differenzieren kann, würde eher Schwierigkeiten haben, mit angemessenem Dank auf unterschiedliche Situationen zu reagieren.

Die affektiven Elemente der Dankbarkeit bestehen aus bestimmten mit Dankbarkeit einhergehenden positiven Gefühlen gegenüber dem/der Wohltäter*in. Ein aufrichtig dankbarer Empfänger oder eine Empfängerin empfindet Freude oder Zufriedenheit, wenn er/sie hört, dass es dem/der Wohltäter*in gutgeht. Umgekehrt löst die Nachricht über das schlechte Befinden des Wohltäters oder der Wohltäterin negative Gefühle wie Traurigkeit oder Kummer bei der empfangenden Person aus. Eine begünstige Person, die auf einen ehrlichen Akt des Wohlwollens mit Kühle oder Teilnahmslosigkeit reagiert, statt mit einer gewissen phänomenologischen Erregung, wie es Tony Manela ausgedrückt hat[12], scheint der Dankbarkeit in einem wesentlichen Punkt nicht gerecht zu werden.

Angemessene Dankbarkeit sollte auch adäquat, in Abhängigkeit vom Umfang der Wohltat, kommuniziert werden. Für das Aufhalten der Tür reicht ein kleines *Danke*, wohingegen bei größeren Wohltaten auch nette Nachrichten über Chat oder z. B. kleine Geschenke passend wären.

Nehmen wir an, Frank treibt nach einem Haiunfall verletzt im Wasser, und Manfred riskiert sein Leben, um jenes von Frank zu retten. Wenn Frank danach nur gleichgültig sagt: „Ich danke dir für deine Hilfe" und seinen Weg geht, dann gilt er zweifellos als undankbar, obwohl er Manfred seine Dankbarkeit kommuniziert hat.

Wenn mir jemand das gesamte Wochenende lang beim Umzug hilft, ist das Dankeschön mit einer Schachtel Pralinen eindeutig zu gering und auf der anderen Seite das Schenken eines Pauschalurlaubs in die Karibik zu viel. Letztlich entscheidet der/die Wohltäter*in. Passt das Gefühl oder bleibt etwas Unbefriedigendes zurück? Ärger über eine dankbare

Aktion sollte vermieden werden. Die individuelle Persönlichkeit spielt dabei ebenfalls eine wichtige Rolle. Ein narzisstisch veranlagter Mensch wird anders reagieren als ein demütiger.

Auch das übertrieben Dankbare kann problematisch sein. Was für einen Narzissten oder eine Narzisstin vielleicht nur eine Bestätigung der eigenen Großartigkeit ist, kann einen bescheidenen Menschen derart verunsichern, dass er das Geschenk möglicherweise nicht annehmen will.

Wenn ich tagtäglich dafür dankbar bin, dass ich nicht von einem Blitz getroffen werde oder mir kein Ziegel auf den Kopf fällt, scheint auch etwas nicht in Ordnung zu sein. Derartige Ängste fallen möglicherweise in die Kategorie der pathologischen Dankbarkeit.

Schließlich enthält Dankbarkeit auch konative Elemente, die auf Bemühungen und aktive Handlungen abzielen (vom lateinischen *conatio/conatum* abgeleitet – das Bemühen, sich anstrengen). Diese Elemente setzten bestimmte Verhaltensweisen voraus, wie die Art und Weise des Umgangs mit der erhaltenen Wohltat.[33] Eine begünstigte Person, die erkennt, dass ihr/ihre Wohltäter*in etwas getan hat, wofür sie dankbar ist, jedoch daraufhin keine Motivation zeigt, dem/der Wohltäter*in ebenfalls ihre Hilfe anzubieten oder ihm/ihr auch Geschenke zu machen, reagiert unterhalb der Erwartungen.

Ethische Faktoren spielen schließlich ebenfalls eine Rolle, ob und in welchem Umfang Dankbarkeit empfunden wird. Ein Beispiel hierfür ist der Unterschied, ob eine Person, die über stabile moralische Werte und Normen verfügt, Aktien einer Waffenfirma erbt oder Wertpapiere einer Firma, die humanitäre Zwecke verfolgt. Im ersteren Fall könnte der Erbe oder die Erbin zum baldigen Verkauf neigen, wohingegen beim Erhalt von sinngebenden Aktien, die vielleicht noch dazu eine gute Dividende ausschütten, Zufriedenheit und Dankbarkeit dominieren werden.

1.6. Unseren Peiniger*innen dankbar sein?

Dankbarkeit entsteht in der Regel, wenn man eine uneigennützige Wohltat erhält. Aber man kann auch Dankbarkeit nach moralisch verwerflichen Taten empfinden. Ich möchte diesbezüglich zwei Beispiele vorstellen:

Stefan, 35 Jahre alt, ist seit fünf Jahren in einer großen Rechtsanwaltskanzlei tätig. Sein Gehalt ist tadellos, auch kommt er mit Kollegen und Kolleginnen gut zurecht und die Aufstiegschancen sind bestens. Das eigentliche Problem liegt bei seinem Chef, der ein Choleriker ist und immer wieder laute, unangenehme Ausbrüche hat. Stefan überlegt daher schon seit einem Jahr, den Job zu wechseln, zögert jedoch aufgrund der positiven Aspekte seiner Arbeit. Doch eines Tages wird er von seinem Chef massiv gemobbt, wobei sämtliche Formen widerwertiger zwischenmenschlicher Übergriffe auftreten – vom Tobsuchtsanfall, Anschreien bis hin zu beleidigenden Angriffen. Stefan ist zwar am Boden zerstört, möchte aber nicht impulsiv handeln und möglicherweise Konsequenzen ziehen, die er später bereuen könnte. Er entscheidet sich dafür, eine Nacht darüber zu schlafen, eine bewährte Methode, um nachzudenken. In wichtigen Angelegenheiten sind spontane Aktionen selten der richtige Weg. Eine unüberlegte E-Mail, eine WhatsApp-Nachricht inmitten des Ärgers oder beleidigende Worte als Rache sind oft keine Lösung. Stefan hält sich also zurück und reicht seine Kündigung drei Tage später ein. Im nächsten Monat findet er zufällig einen ansprechenden Job, in dem er wertgeschätzt wird und sich wohlfühlt.

Im zweiten Beispiel geht es um Lisa, eine verheiratete 52-jährige Frau, die sich in ihrer langjährigen Beziehung zunehmend unwohl fühlt. Ihre Bedürfnisse werden nur unzureichend erfüllt und das Vertrauen zu ihrem Partner ist erodiert. Dennoch schätzt sie die finanzielle Sicherheit und den komfortablen Lebensstil. Zusätzlich plagt sie die Angst vor einer Trennung und den damit verbundenen Konsequenzen, insbesondere die Aussicht auf Einsamkeit. So zieht sich die Situation fast sieben Jahre lang hin, bis zu dem Tag, an dem ihr Partner ihr überraschend mitteilt, dass er eine andere liebt und sich trennen möchte. Lisa ist am Boden zerstört und bleibt es noch bis einige Monate nach der baldigen Scheidung. Doch kurze Zeit später lernt Lisa über eine Partnerbörse einen liebevollen Mann kennen und wird glücklich mit ihm, möglicherweise bis an ihr Lebensende.

Sowohl Stefan als auch Lisa werden Dankbarkeit dafür empfinden, dass sie trotz der schwierigen Erfahrungen, die sie gemacht haben, die Möglichkeit hatten, etwas Neues und Positives zu beginnen. Diese Chance hätte sich möglicherweise nicht ergeben, hätten sie ihr Leben weitergelebt wie bisher. Menschen neigen dazu, aus schlechten Erfahrungen im Leben Positives zu schöpfen, wohingegen das Umgekehrte selten geschieht.

Als das prominenteste und exemplarische Beispiel für Dankbarkeit unter widrigen Umständen wird der Dalai Lama angeführt. Es wird berichtet, dass er den Chinesen dankbar sei.[34] Obwohl sie ihm und seinem Volk Schaden zugefügt haben, sah er darin die Gelegenheit, Liebe für seine Feinde und Feindinnen zu entwickeln, Geduld zu üben und seine persönliche Entwicklung voranzutreiben.[22] Warum sollte man jedoch jemandem dankbar sein, der einem schadet, zu Fall bringt und am Boden zerstört? Unseren Feinden und Feindinnen dankbar zu sein, klingt absurd. Als Jesus gekreuzigt wurde, bat er Gott um Vergebung für diejenigen, die ihn gekreuzigt hatten, aber er dankte ihnen nicht. Er bat seine Anhänger*innen, auch die andere Wange hinzuhalten, aber er forderte sie nicht auf, denen, die sie geschlagen hatten, dafür zu danken.

Es sind nicht die Peiniger*innen selbst, die Dankbarkeit hervorrufen können, sondern die Umstände, die aus solchen Erfahrungen entstehen.

Wir sind keine Heiligen und halten auch im Gegensatz zu Jesus nicht gern die zweite Wange hin. Wir sind nicht bereit, widerstandslos alles hinzunehmen, sondern sind Menschen mit Würde, Ehre und Stolz. Stefan und Lisa werden nicht ihren Peiniger*innen dankbar sein, sondern für die Möglichkeit, sich von ihnen zu lösen und etwas Neues und Positives zu beginnen.

Dankbar gegenüber denen zu sein, die uns schaden, kann auch zu Unterwürfigkeit führen.[22] Der Dalai Lama hat jedoch seine Selbstachtung bewahrt, und seine Dankbarkeit hielt ihn nicht davon ab, sich den Worten und Taten seiner Peiniger*innen zu widersetzen.[22, 34]

1.7 Was macht einen dankbaren Menschen aus?

Obwohl vor allem in den letzten 20 Jahren die Vorteile der Dankbarkeit umfassend untersucht wurden, gibt es bisher nur wenige Belege für die Frage, wie sich Dankbarkeit im Menschen manifestiert. Was macht einen dankbaren Menschen aus? Warum scheinen manche Menschen von Natur aus dankbarer zu sein als andere?

Nur wenige Studien haben sich mit diesen elementaren Fragen befasst. Mehrere mögliche Mechanismen zur robusten Ausbildung einer allgemein dankbaren Haltung scheinen dabei plausibel. Erstens kann eine sichere Bindungsbasis entscheidend für die Entwicklung von Dankbarkeit sein.[35] Eine Geborgenheit bietende Umgebung ist der fruchtbare Boden, auf dem das Selbstwertgefühl gedeiht, dieses wiederum wird zur Quelle der Dankbarkeit. Andererseits neigen Personen mit einem unsicheren Bindungsstil möglicherweise dazu, weniger auf Gefälligkeiten zu reagieren. Sie könnten das Gefühl haben, die Wohltat nicht zu verdienen oder auch die angebotene Unterstützung als Zeichen für ihre eigene Minderwertigkeit interpretieren.

1. Philosophie der Dankbarkeit

Kinder, die von Bezugspersonen betreut werden, die dankbares Verhalten vorleben, scheinen einen Vorteil bei der Entwicklung von Dankbarkeit aufzuweisen. Auch Eltern, die ihren Kindern beibringen, einfache Freuden zu schätzen, anstatt ihnen ständig spektakuläre Vergnügungen anzubieten, fördern die Dankbarkeit bei Kindern. In der Tat scheint die Wertschätzung von einfachen, guten Dingen, die Spaß machen, ein wichtiger Faktor für die Entstehung einer dankbaren Haltung zu sein.[36] Die dauerhafte Reizüberflutung, die die neue Generation prägt, kann daher eine Barriere für Dankbarkeit darstellen. Statt *immer mehr und mehr* ist das Praktizieren von *weniger ist mehr* ein vernünftiger Ansatz, um mehr Dankbarkeit zu generieren.

Auch die Beschäftigung mit spirituellen und religiösen Themen kann Dankbarkeit fördern.

Generell stellt die Herausbildung prosozialer Eigenschaften wie Vertrauen eine wichtige Grundlage für die Entwicklung der Charaktereigenschaft Dankbarkeit dar.

Dankbare Menschen haben oft auch sehr schwierige – wenn nicht gar lebensbedrohliche – Umstände durchgemacht, von schweren Erkrankungen bis hin zu schmerzlichen Verlusten.

Die Erfahrung von Dankbarkeit – und vielleicht auch ihr Nutzen – variiert von Mensch zu Mensch, und es existieren Unterschiede, indem der bzw. die Einzelne Dankbarkeit als wünschenswert oder abweisend erlebt.

Ein Grund dafür könnte in der Ausprägung der individuellen Autonomie liegen. Autonomie beinhaltet ein Gefühl der Unabhängigkeit, Einzigartigkeit, Entscheidungsfreiheit und Vertrauen in sich selbst.[37] Ein starker Wunsch nach Unabhängigkeit könnte dem Gefühl, Dankbarkeit zu praktizieren, entgegenwirken.

In einer psychologischen Studie mit jungen Studenten und Studentinnen war z. B. der Grad der individuellen Autonomie negativ mit Dankbarkeit assoziiert.[38] Personen, die ein starkes Verlangen nach Unabhängigkeit aufweisen, sind möglicherweise eher abgeneigt, Dankbarkeit zu zeigen, weil sie möglicherweise Unbehagen empfinden, wenn ihnen eine Wohltat erwiesen wird. Dankbarkeit bedeutet für sie in gewisser Weise eine Einwilligung in die Abhängigkeit. Dies würde im deutlichen Gegensatz zu ihrer Selbstbehauptung und Selbstverwirklichung stehen. Dankbarkeit kann daher für stark autonom agierende Menschen als eine Beschneidung und Unterdrückung der eigenen Freiheit empfunden werden.

2.
Dankbarkeit und psychisches Wohlbefinden

Lasst uns dankbar sein gegenüber Menschen,
die uns glücklich machen; sie sind liebenswerte Gärtner,
die unsere Seelen zum Blühen bringen.

Marcel Proust (1871–1922)

Sie sind vollkommen entspannt, in friedlicher Harmonie mit sich selbst, mit anderen und der Natur. Vitalisierende Energie fließt durch Ihren Körper, Ihre Sinne sind maximal aktiviert, Ihre Wahrnehmung scheint intensiver zu sein. Dinge, über die Sie sich normalerweise ärgern, werden belanglos, die innere Anspannung löst sich auf und Sie sehen alles klarer und mit einem Panoramablick auf Ihr Umfeld. Solche Perioden des Lebens werden manchmal, anlehnend an den bekannten Psychologen Mihály Csíkszentmihályi, als Flow beschrieben.[39] Es sind Momente des Glücks, oft wenn man aktiv gewesen ist, etwas Tolles erreicht oder Herausforderungen bravourös gemeistert hat. Aber vielleicht sind es auch Momente, in denen einem wohltuende Wertschätzung und herzliche, tiefe Dankbarkeit geschenkt wurden.

Trotz unzähliger Gelegenheiten, im täglichen Leben freundlich und dankbar zu sein und aus dem daraus entstehenden Wohlbefinden zu profitieren, verbringen wir einen Großteil unseres Daseins nicht mit dieser Art des prosozialen Verhaltens. Studien haben dabei mögliche Zusammenhänge zwischen Dankbarkeit und verschiedenen Elementen des psychischen und subjektiven Wohlbefindens untersucht.

Im Großen und Ganzen sind dankbare Menschen glücklicher, zufriedener mit ihrem Leben, weniger materialistisch und leiden möglicherweise sogar seltener an einem Burn-out. Hinsichtlich letzterem Punkt ergab z. B. eine Studie mit Personal für mentale Gesundheit wie Berater*innen, Sozialarbeiter*innen oder Psychologen und Psychologinnen, dass arbeitsplatzspezifische Dankbarkeit – wie dankbar Mitarbeitende für ihre Kollegen und Kolleginnen, Vorgesetzten und ihren Job waren – negativ mit Burn-out verbunden war.[40]

Auch eine aktuelle Metaanalyse, eine Zusammenfassung von verschiedenen Studien als höchste Beweisstudie in der auf evidenzbasierten Medizin hat gezeigt, dass Dankbarkeit als Disposition – wie oft und intensiv Individuen das Gefühl von Dankbarkeit erfahren – positiv mit Wohlbefinden korreliert.[41] Dabei wurde auch differenziert zwischen dem subjektiven Wohlbefinden, das hedonistische Aspekte wie positive Gefühle, Freude und Lebenszufriedenheit umfasst, und dem psychischen Wohlbefinden, das sich auf eudaimonische Komponenten bezieht wie persönliche Werte und Ziele, Autonomie, Sinn im Leben, soziale Interaktionen – insgesamt die Definition des „guten Lebens" nach Aristoteles. Dabei zeigten beide Komponenten des Wohlbefindens gleichwertige positive Korrelationen.

Da Dankbarkeit bzw. die dankbare Haltung nachweislich mit einer Vielzahl von psychologischen Vorteilen in Verbindung steht, liegt es nahe, dass Aktivitäten, die Menschen ermutigen, sich dankbarer zu fühlen, ähnliche Vorteile bringen könnten.

Untersuchungen haben diesbezüglich zeigen können, dass Menschen, die über wenige Wochen einmal pro Woche einen Dankbarkeitsbrief schrieben, am Ende der Intervention signifikant glücklicher

2. Dankbarkeit und psychisches Wohlbefinden

und zufriedener mit ihrem Leben waren.[42] Dabei zeigten auch Zusammenfassungen verschiedenster Studien, dass (vor allem Schreib-)Interventionen wie das Verfassen von Dankbarkeitsbriefen oder das Führen eines Dankbarkeitstagebuchs dem individuellen Wohlbefinden, der Lebenszufriedenheit oder dem positiven Affekt (positiver emotionaler Zustand) in einer geringen bis moderaten Stärke, abhängig von der Studie/Metaanalyse, zugutekommen (vgl. Kapitel 15.1, Interventionen zur Förderung von Dankbarkeit, S. 138).[43-45]

Eine 2004 erschienene Arbeit mit 5299 Personen untersuchte, wie 24 repräsentative Charakterstärken mit der Lebenszufriedenheit zusammenhängen.[46] Dabei war, selbst nachdem mehrere demografische Variablen kontrolliert wurden, Dankbarkeit stärker mit dem Maß an Lebenszufriedenheit verbunden als viele andere Charakterstärken, ausgenommen Hoffnung, Liebe, Neugier und Lebensfreude, die ebenfalls starke positive Assoziationen zeigten.

Die gedankliche Beschäftigung mit Dingen, für die man dankbar ist, weist ferner stressreduzierende Effekte auf. Sich auf positive Dinge konzentrieren, die Ablenkung von belastenden Gedanken, nach Unterstützung suchen sowie Probleme versuchen zu lösen, konnten alle in Zusammenhang mit Dankbarkeit gebracht werden.[47]

Insbesondere Menschen, die innerlich angespannt sind und aus dieser ständigen Anspannung nicht herauskommen, können daher durch das regelmäßige Praktizieren von Dankbarkeit profitieren. Aufschlussreich sind dabei unter anderem Daten von randomisiert-kontrollierten Studien mit Teilnehmenden verschiedener Altersgruppen, die vermuten lassen, dass Dankbarkeitsinterventionen depressive Symptome unmittelbar nach der Intervention, zumindest moderat, reduzieren können.[48-51] Außerdem wurde eine Verminderung des negativen Affekts[49, 52] sowie eine Verbesserung von Angstgefühlen beschrieben.[53, 54]

Eine positive Stimmung wirkt sich nicht nur günstig auf die Lebensspanne aus, wie ich es in meinem Buch „Älter wirst Du sowieso" thematisiert habe, sondern auch vorteilhaft auf das Herz-Kreislauf-System, hier vor allem auf den Blutdruck und den Puls. Andererseits sind klassische negative Stimmungen wie Stress, Depression, Angst, Ärger und Feindseligkeit Risikofaktoren für Herz-Kreislauf-Erkrankungen, insbesondere die Koronare Herzkrankheit, welche im ungünstigsten Fall zum Herzinfarkt führt.[55–58] Bei einer länger andauernden ängstlichen Stimmung ist z. B. das Risiko für die Koronare Herzkrankheit und den Herztod um 26 bzw. 48 Prozent erhöht, wie eine Zusammenfassung von Studien mit Daten von fast 250 000 Personen zeigen konnte.[58]

Angstsyndrome beziehungsweise Angsterkrankungen wie Panikattacken, generalisierte Angststörung, ständige Besorgtheit oder auch soziale Ängstlichkeit gehören zu wichtigen psychiatrischen Erkrankungen, vor allem im höheren Lebensalter.[59] Das regelmäßige Praktizieren von Dankbarkeit könnte dabei, begleitend zur psychiatrischen Therapie, durch Stressreduktion und einem verbesserten Wohlbefinden eine gewisse Abhilfe schaffen.

Dankbarkeit ist auch ein Antidot gegen Aggression und könnte potenzielles aggressives Verhalten dämpfen. Eine zweiwöchige Studie zeigte etwa, dass die dankbare Haltung vor Kränkungen durch Beleidigungen oder auch aggressiven Reaktionen aufgrund von experimentell hervorgerufenen Provokationen innerhalb der sozialen Interaktion zu schützen schien.[60] Die Beziehung zwischen Dankbarkeit und geringerer Aggression wird möglicherweise durch höhere Empathiewerte vermittelt. Weiterhin beschrieben Michael E. McCullough et al.[8], dass Menschen, die von Natur aus dankbar sind, gegenüber denen, die sie in der Vergangenheit verärgert oder verletzt haben, nachsichtiger agieren als Menschen, die weniger dankbar sind.

2. Dankbarkeit und psychisches Wohlbefinden

Zusammenfassend deuten die zahlreichen Daten aus den letzten Jahren darauf hin, dass ein erhöhtes Maß an Dankbarkeit zu einer Verschiebung in der Bewertung negativer Situationen führt. Letztendlich könnte ein gesteigertes Gefühl von Dankbarkeit bewirken, dass, analog zu dem Sprichwort *das Glas ist halb voll und nicht halb leer* Situationen als positiv(er) wahrgenommen werden, was wiederum Zufriedenheit hervorruft. Eine Person mit der Bereitschaft zur Dankbarkeit wird daher eher dazu neigen, das Gute/Positive im Leben zu sehen und weniger das Negative.

Wahrscheinlich kann ein verstärkter Fokus auf Dinge, für die man besonders dankbar ist, auch zu positiven Veränderungen in der Selbstwahrnehmung führen, wodurch wiederum das Wohlbefinden verbessert wird. Insbesondere Personen mit einem hohen Maß an Dankbarkeit berichten außerdem von einer größeren Bereitschaft, sich von ihrem (überflüssigen) Besitz zu trennen, sind weniger neidisch auf den materiellen Reichtum anderer, sind weniger der Idee verpflichtet, dass materieller Reichtum mit Erfolg oder Glück im Leben verbunden ist, und berichten auch von einem größeren Gefühl der Lebensfülle.[8, 36]

2.1 Mögliche Mechanismen, wie Dankbarkeit das Wohlbefinden fördert

Es werden verschiedene Mechanismen diskutiert, wie Dankbarkeit das subjektive und psychische Wohlbefinden einer Person positiv beeinflussen kann (basierend auf [61]).

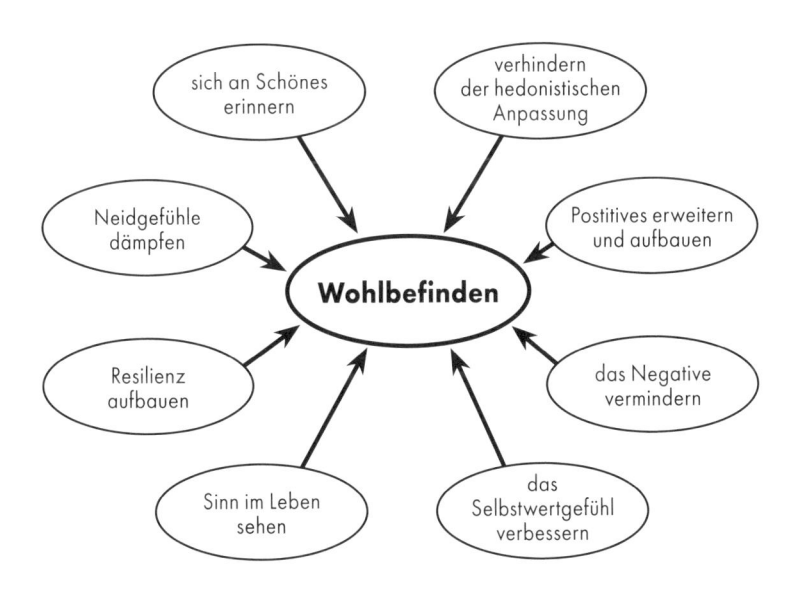

Abbildung: Wie Dankbarkeit das Wohlbefinden steigert

Verhinderung der hedonistischen Anpassung

Es ist denkbar, dass das Praktizieren von Dankbarkeit der „hedonistischen Adaption"[62] entgegenwirkt. Hierbei handelt es sich um ein Phänomen, bei dem Menschen sich an die positiven Aspekte ihres Lebens gewöhnen und sie daher nicht in vollem Maße genießen können.

2. Dankbarkeit und psychisches Wohlbefinden

In einer vielzitierten Studie aus den 1970er-Jahren wurden Lottogewinner*innen untersucht, und es zeigte sich, dass sich nach einer relativ kurzen Phase der Freude das Befinden der Befragten wieder auf dem Ursprungszustand eingependelt hat.[63] Eine weitere Gruppe innerhalb der Studie bildeten Personen mit bleibenden Lähmungen. Deren aktuelles Befinden war zwar deutlich niedriger im Vergleich zu der Zeit vor dem Unfall, aber sie bewerteten ihr zukünftiges Glücksempfinden auf dem Niveau der Kontrollgruppe. In beiden Fällen, vor allem jedoch bei den Lottogewinner*innen, verflüchtigt sich demnach das positive oder unter Umständen auch ein negatives Gefühl aufgrund eines Anpassungsmechanismus.

Dankbarkeit ermutigt, sich bewusst auf das Gute im Leben zu konzentrieren, so viel Wertschätzung wie möglich zu extrahieren, anstatt das Positive für selbstverständlich zu halten.[64] Das ist ein sinngebender Pfad, der uns vor der hedonistischen Adaption schützt. Auf der anderen Seite verhindert eine Lebensweise, die auf gleichgültiger Selbstverständlichkeit aufgebaut ist, das Empfinden aufrichtiger Dankbarkeit.

Vor allem Menschen, die ein gutes, sattes Leben haben, *sollten* dankbar sein. Es herrscht viel Ungerechtigkeit in der Welt. Erfolg und Reichtum sind nur teilweise auf Fleiß, Intelligenz und Durchhaltevermögen zurückzuführen, wie manchmal hartnäckig behauptet wird. In welche Familie man hineingeboren wurde, spielt eine wesentliche Rolle, wie auch schicksalhafte Begegnungen und Ereignisse und nicht zu vergessen der Faktor Glück. Spiritueller Glaube und Dankbarkeit können ein stabiles Fundament gewährleisten und vor Überheblichkeit und Ungerechtigkeit gegenüber anderen schützen.

Dankbarkeit kann „erweitern und aufbauen"

Ein anderer diskutierter Mechanismus basiert auf Barbara L. Fredricksons Theorie der positiven Emotionen *Broaden-and-Build*.[65–67] Diese Theorie postuliert, dass positive Gefühle wie Interesse, Liebe, aber auch Dankbarkeit, das Spektrum der Gedanken und Handlungen einer Person *erweitern* und seine Aufmerksamkeit verbessern können – zum Beispiel ermutigt Freude die Menschen auszuprobieren und kreativ zu sein –, aber positive Emotionen helfen auch, die psychologischen und sozialen Ressourcen *aufzubauen*, auf die man sich in schwierigen Zeiten verlassen kann. Dankbare Individuen handeln in der Regel ebenfalls prosozial, dadurch werden zwischenmenschliche Bindungen und Freundschaften gestärkt[65], und es kann sich eine affirmative Aufwärtsspirale entwickeln, die sich selber aufrechterhält, da ein häufiges Erleben positiver Emotionen wie Dankbarkeit motivierend wirkt.

In einer Studie mit 236 jungen britischen Erwachsenen fanden sich zum Beispiel verstärkende Assoziationen zwischen Dankbarkeit und einer Reihe positiver Strategien zur Bewältigung von Herausforderungen. Dazu gehörten die Suche nach sozialer Unterstützung, die Neuinterpretation von Situationen und die aktive Beteiligung an Problemlösungen. Gleichzeitig wurden negative Korrelationen zwischen Dankbarkeit und Drogenkonsum, Abkoppelung, Verleugnung und Selbstbeschuldigung beobachtet.[68]

Das Negative vermindern

„Bad is stronger than good"[69] – dieser starke Titel von Roy F. Baumeister et al. gehört zu einer der meistzitierten psychologischen Arbeiten. Baumeister et al. legen dar, dass Menschen in der Regel stärker auf Negatives als auf Positives achten und es höher bewerten.

Der Verlust von Geld wird beispielsweise als bedeutender empfunden als der Gewinn desselben Betrags, ebenso wie harte Kritik im Vergleich zu einem herzlichen Lob, ein *Du bist bösartig* zu einem *Du bist lieb*. Ein guter Mensch muss dauerhaft gut sein. Eine falsche Tat oder eine Lüge und das gesamte *Gute* nimmt Schaden und kann nur schwer wieder repariert werden. Im umgekehrten Fall hingegen, d. h. bei einer einzelnen guten Tat eines *schlechten* Menschen, kann die Auswirkung auf andere durchaus positiv sein, sodass unter Umständen sogar das Gesamtbild des Menschen verfälscht wird.

Allgemein bedarf es vieler guter Ereignisse, um die psychologischen Auswirkungen eines einzelnen Schadens zu überwinden. Auf eine bösartige Kritik müssen einige gute Folgen, auf eine Beleidigung zumindest eine Handvoll Streicheleinheiten, und auf einen schlechten Tag wenigstens ein erfreuliches Wochenende.

Negative Erfahrungen bleiben mit größerer Wahrscheinlichkeit als *neutrale* Inhalte in Erinnerung, sie haben gewissermaßen eine flachere Vergessenskurve[70], wohingegen positive Erinnerungen eine starke Kraft aufweisen, unsere Stimmung aufhellen und die Auswirkungen von Stress abfedern können.[71]

Das stärkere Bewerten des Schlechten ist möglicherweise evolutionär bedingt, weil eine negative Einstellung uns unter Umständen besser vor Bedrohungen geschützt und damit unser Überleben gewährleistet hat.

Dankbarkeit ist in der Lage, die ungünstigen Auswirkungen negativer Emotionen auszugleichen bzw. auch die Beachtung zu vermindern, die man negativen Gefühlen schenkt.[72] Dabei ist Dankbarkeit imstande, negative kognitive Verzerrungen, in denen die Welt bedrohlich oder schlecht gesehen wird, zu reduzieren.[73]

Insbesondere durch ein besseres Wohlbefinden gelingt es dankbaren Menschen eher, negative Erfahrungen in ein positiveres Licht zu rücken. Dadurch werden die belastenden Empfindungen negativer Emotionen reduziert.[74] Eine schöne Erfahrung oder Wohltat als Geschenk wahrzunehmen, kann eine Form der emotionalen Verstärkung sein, die das Positive in uns ankurbelt.[75]

Das regelmäßige Praktizieren von Dankbarkeit kann außerdem Menschen dazu motivieren, sich um eine Reihe positiver Verhaltensweisen zu bemühen, z. B. mehr Sport zu treiben, generell einem gesünderen Lebensstil nachzugehen, hilfsbereit zu sein, an sich und seinen Beziehungen zu arbeiten, was wiederum körperliches und psychisches Wohlbefinden hervorruft.[76]

Das Selbstwertgefühl verbessern

Dankbarkeit kann das Selbstwertgefühl verbessern und über diesen Weg das Wohlbefinden steigern.[77] In einer Studie von Rash et al. wurden die Teilnehmenden zufällig angewiesen, sich zweimal pro Woche entweder an dankbare Gefühle für jemanden zu erinnern oder in der Kontrollbedingung an ein prägendes Ereignis zu denken. Nach vier Wochen zeigten Teilnehmende in der Dankbarkeitsintervention ein höheres Selbstwertgefühl und eine höhere Lebenszufriedenheit im Vergleich zu den Teilnehmenden in der Kontrollbedingung.[78]

Sinn im Leben sehen

Ein bedeutsamer Zustand unserer Zeit ist die allgemeine Sinnlosigkeit. Die Herausforderung besteht nicht mehr im Kampf ums bloße Überleben, sondern darin, das Leben mit Bedeutung zu füllen. Es geht nicht mehr um den Kampf gegen andere, sondern um den Kampf gegen Einsamkeit und psychischen Absturz. Der Sinn im Leben bezieht sich vor allem darauf, dass das eigene Leben einen Zweck erfüllt, einen Wert, eine Bedeutung aufweist und dass es kohärent und sinngebend verläuft.[79, 80] Viele Menschen treiben wie ein ruderloses Boot schier sinnlos durch ihr endliches Leben, dass ihnen zur Verfügung steht. Dankbarkeit kann ihr Anker sein, um sich zu stabilisieren.

Studien haben z. B. einen positiven Zusammenhang zwischen Dankbarkeit, Wohlbefinden und als sinnvoll empfundene Arbeit gefunden.[81] Anlehnend an Fredricksons *Broaden-and-Build-Theorie* ist es denkbar, dass Dankbarkeit das berufliche Engagement steigert und einer Person ermöglicht, ihre Arbeit als sinnvoll zu erleben, indem sie ihre arbeitsbezogenen und persönlichen Ressourcen ausbaut.[82]

Weiterhin zeigte sich in einer Stichprobe von 369 Studenten und Studentinnen, dass bei denen, die in höherem Ausmaß Dankbarkeit empfanden, sowohl Hoffnungslosigkeit als auch depressive Symptome seltener mit Suizidgedanken assoziiert waren.[83] Durch das Gefühl der Zugehörigkeit und des Sinns im Leben könnte Dankbarkeit den Wunsch stärken, so lange wie möglich am Leben zu bleiben.

Auch andere Studien lassen vermuten, dass Dankbarkeit einen Schutzfaktor vor Suizidgedanken darstellen könnte.[84] Die denkbare Beziehung zwischen mehr Dankbarkeit und geringerer Suizidgefährdung[85] könnte durch ein besseres Selbstwertgefühl erklärt werden.[77] Dankbarkeit steht auch in Verbindung mit einer weniger selbstkritischen und stattdessen mitfühlenden Beziehung zu sich selbst.[86]

Resilienz aufbauen

Das regelmäßige Kultivieren von Dankbarkeit kann dazu beitragen, Resilienz gegenüber psychische Probleme aufzubauen. Als eine der Dimensionen positiver psychischer Gesundheit bezieht sich Resilienz auf die Anpassungsfähigkeit einer Person angesichts von Schwierigkeiten.[87] Resiliente Menschen widerstehen besser Lebensstressoren wie

Armut, gesundheitlichen Problemen oder familiären Konflikten. Sie vermeiden es, auf ungünstige Umstände mit negativen Verhaltensweisen wie Gewalt und Drogenmissbrauch zu reagieren und neigen eher dazu, Probleme als Chance für (psychisches) Wachstum zu sehen.[88]

Positive Emotionen wie Freude, Interesse, Zufriedenheit und Liebe fördern bekanntermaßen die Resilienz[89], aber auch Dankbarkeit ist positiv mit Resilienz assoziiert.[90, 91] Dies kann durch ein höheres Wohlbefinden erklärt werden.[86, 92]

Dankbare Menschen richten ihre Aufmerksamkeit mehr auf positive als auf negative Reize in ihrer Umwelt und sind dadurch auch weniger anfällig für Stresssituation und Lebensereignisse, die einen psychisch aus der Bahn werfen können. In Stresssituationen wiederum können durch Dankbarkeit emotionale und körperliche Ressourcen aufgebaut werden, die es ermöglichen, besser mit Stressoren fertig zu werden. Wenn das Leben als ein Geschenk betrachtet wird, fällt es leichter, auch unter unangenehmen, widrigen Umständen eine gewisse positive Denkweise aufrechtzuerhalten – ein Mechanismus, der auch vor Verzweiflung schützt.[93] Man sagt ja auch, dass sich ein guter Charakter in den schwierigen Momenten des Lebens entwickelt bzw. zeigt.

Neidgefühle dämpfen

Ein weiterer Mechanismus, durch den Dankbarkeit Wohlbefinden hervorrufen kann, besteht darin, Neidgefühle zu dämpfen.[73] Eine Reihe von Studien hat gezeigt, dass soziale Vergleiche mit geringeren positiven Affekten und höheren depressiven Verstimmungen und Gefühlen der Entbehrung verbunden sind.[94–96] Eine dankbare Haltung kann dem entgegenwirken. Wenn beispielsweise jemand dankbar für sein kleines Auto ist, neigt er wahrscheinlich nicht dazu, sich nach dem größeren Auto des Nachbarn zu sehnen. Umgekehrt – wenn ich den Nachbarn um sein Auto beneide, werde ich meines nicht schätzen bzw. dankbar dafür sein können.

Sich an Schönes erinnern

Ein letzter diskutierter Mechanismus, durch den Dankbarkeit das subjektive Wohlbefinden fördern könnte, besteht darin, Erinnerungen an positive Lebensereignisse abzurufen.[73] Depressive Menschen neigen dazu, öfter an negative Aspekte in ihrem Leben zu denken. Das experimentelle Auslösen einer depressiven Verstimmung aktiviert unangenehme Erinnerungen[97], was sich entsprechend dann auch ungünstig auf das Wohlbefinden auswirkt. Auf der anderen Seite sehen Personen, die über ein höheres subjektives Wohlbefinden berichten, mehr positive als negative Aspekte in ihrer Vergangenheit.[98]

Negative Erinnerungen werden daher möglicherweise weniger abgerufen oder unter Umständen auch weniger negativ gesehen, wenn man dankbar ist, da Dankbarkeit Wohlbefinden schafft.

Alles in allem fühlt sich Dankbarkeit gut an und gehört wie Glück, Freude, Liebe, Neugier und Hoffnung zu den positiven Emotionen. Der Mensch ist jedoch ein vergessliches Wesen. Wir vergessen nur zu leicht, mit welchen Problemen wir vor nicht allzu langer Zeit zu kämpfen hatten. Jeder kennt das Gefühl, krank zu sein und ebenso den Wunsch, wieder gesund zu werden. Insbesondere nach einer schweren oder länger andauernden Krankheit hält möglicherweise für einige Zeit die Dankbarkeit an, aber schon bald verflüchtigt sich das Empfinden und wird durch eine Amnesie an diese schwierigen Tage und Wochen verdrängt. Vielleicht spielen dabei evolutionär bedingte protektive Mechanismen eine Rolle, damit Trauer über Vergangenes nicht unser Leben beherrscht und uns mental lähmt. Jedoch können schwierige Zeiten auch eine Chance bieten, zu Dankbarkeit zu finden und sie nachhaltig zu praktizieren.

2.2 Dankbarkeit als Ressource

Die Wissenschaftler und Psychologen Robert A. Emmons and Robin Stern schildern in Ihrer Übersichtsarbeit „Gratitude as a Psychotherapeutic Intervention"[99] den Fall einer Patientin von Dr. Stern, in dem Dankbarkeit als eine bedeutende Ressource in schwierigen Zeiten zur Verfügung stand:

Susanna ist eine attraktive, warmherzige 35-jährige Frau, die sich in eine psychologische Behandlung begeben wollte, da sie hin- und hergerissen war zwischen dem Verbleib in ihrer Ehe, die sie als unbefriedigend beschrieb, und der Möglichkeit, ihren Mann zu verlassen und damit alles aufzugeben, was sie sich für ihre Familie aufgebaut hatte. Sie liebte ihre Kinder, ihre sozialen Netzwerke und diverse Facetten ihres (Familien)lebens. Sie nahm therapeutische Hilfe in Anspruch, um sich in Zukunft besser auf die positiven Aspekte ihres Lebens zu konzentrieren, so wie sie es in ihrer Kindheit gelernt hatte, und die negativen Aspekte in den Hintergrund treten zu lassen. Kurze Zeit nach Therapiebeginn verunglückte ihr Mann bei einem Motorradunfall. Während er schwer krank im Krankenhaus lag, gestand ihr eine jüngere Frau, dass sie seit Jahren eine Affäre mit ihm hatte. Als ob das nicht schon verheerend genug gewesen wäre, fand Susanna heraus, dass ihr Mann spielsüchtig war und den Großteil ihrer Ersparnisse verspielt hatte. Von einem Moment auf den anderen lag ihr Leben in Schutt und Asche. Das angenehme Leben, das sie kannte, und der Mann, auf den sie sich glaubte, verlassen zu können, waren nicht mehr existent. Wie in einem Albtraum wich der Stabilität das bedrohliche Ungewisse und versetzte sie in einen traumatischen Stress.

2. Dankbarkeit und psychisches Wohlbefinden

Im Rahmen der Psychotherapie kristallisierte sich heraus, dass sich Susanna in ihrer Kindheit durch ihre Eltern die Fähigkeit zur Selbstregulierung, zur Selbstberuhigung und Aufrechterhaltung des Selbstwertgefühls angeeignet hatte. Ihre Eltern boten ihr auch eine Matrix für das Praktizieren von Dankbarkeit. Susanna begann daher, ihren Fokus von der materiellen Krise und den Selbstvorwürfen abzuwenden und auf das zu lenken, was sie in ihrem Leben noch hatte und die Möglichkeiten, die sich ihr noch eröffnen konnten. Dankbarkeit half ihr, sich aufzurichten und mit ihren Kindern einen neuen Lebensweg einzuschlagen.

Laut Emmons und Stern hängt Dankbarkeit letztlich nicht von den objektiven Lebensumständen ab; ähnlich wie auch der Priester, Schriftsteller und Psychologe Henri Nouwen (1932–1996) ausführte, ist das Praktizieren von Dankbarkeit eine bewusste Entscheidung[100], auch wenn die Gefühle der betroffenen Person dramatisch verletzt wurden. Dankbarkeit muss bewusst kultiviert werden, wie es Susanna getan hat. Sie erlag nicht der Opferrolle, sondern hat sich für die dankbare Haltung entschieden und konnte sich dadurch langsam wieder aufrichten.

Dankbarkeit ist etwas, das jeder praktizieren kann, sogar am Tiefpunkt des Lebens, auch wenn es einem möglicherweise schwerfällt. Es ist die Fähigkeit, auch in schwierigen Zeiten etwas zu finden, wofür es sich lohnt, dankbar zu sein, z. B. für gute Erinnerungen, die jeder Mensch in unterschiedlicher Ausprägung in seinem Lebensdepot aufbewahrt und durch Übung für sich erschließen kann.

Schwieriger erscheint es hingegen, optimistisch zu sein. Auch Optimismus schafft Wohlbefinden und verlängert sogar das Leben. In einer rezenten Untersuchung aus Boston zeigte sich z. B., dass optimistische Frauen um fast 15 Prozent länger lebten als diejenigen, die wenig optimistisch waren. Bei Männern betrug der Unterschied zwischen den beiden Extremen fast 11 Prozent.[101] Das Ausmaß des lebensverlängernden Effekts bei optimistischen Frauen entsprach fast dem zwischen Frauen, die über keinen Herzinfarkt in der Vergangenheit berichteten – im Vergleich zu denen mit einer früheren Herzinfarktdiagnose.[101]

Eine ebenfalls neue Metaanalyse von zehn Studien mit fast 210.000 Teilnehmenden zeigte eindrucksvoll, dass Optimismus das Risiko, insbesondere durch Herz-Kreislauf-Erkrankungen zu versterben, um durchschnittlich 35 Prozent reduziert.[102]

Diese bemerkenswerten Studienergebnisse lassen zwar aufhorchen, doch in der heutigen Zeit, geprägt von Kriegen und drohender Wirtschaftskrise, scheint es nahezu utopisch, eine durchweg positive Haltung anzunehmen und optimistisch in die Zukunft zu blicken. Optimismus hängt von verschiedenen Faktoren ab, einschließlich genetischer Veranlagung. Wenn Eltern und Großeltern Pessimisten waren, gestaltet sich der Weg in eine optimistische Richtung sicherlich nicht leicht. Auch das soziale Umfeld spielt eine wichtige Rolle: Sind wir von Schwarzseher*innen und Lamentierweltmeister*innen umgeben oder von positiven Menschen? Entscheidend ist auch, wie unsere Eltern und Lehrer*innen mit uns umgegangen sind: Wurden wir motiviert und gelobt oder oft kritisiert und gedemütigt? Schließlich sind auch die eigenen Erfahrungen im Leben maßgeblich: Wenn sich Schicksalsschläge die Hand reichen und jegliche Bemühungen für ein besseres Leben im Sande verlaufen, ist Optimismus nahezu unmöglich.

Zusammenfassend sind Optimismus und Dankbarkeit klassische Themen der positiven Psychologie, die in vielen Publikationen thematisiert werden, jedoch erscheint nur Dankbarkeit auch in schwierigen Zeiten für die breite Masse realistisch praktizierbar und effektiv.

Außerdem ist im Vergleich zum Optimismus, der sich ausschließlich auf die Einzelperson bezieht, Dankbarkeit oft etwas Bidirektionales. Sie schließt nicht nur das Selbst, sondern auch das Gegenüber ein und schafft so gesehen eine gemeinsame *Wir-Erfahrung*. Daher weist Dankbarkeit im Vergleich zu einigen anderen Komponenten der positiven Psychologie duale, vorteilhafte Wirkungen auf.

Dankbarkeit in Zeiten der Pandemie

Das SARS-CoV-2 Virus hat uns physisch voneinander getrennt und uns gezwungen, auf wichtige soziale Verhaltensweisen zu verzichten. Dies führte bei vielen zu Einsamkeit, Angst und Depression.[103, 104] Die Pandemie hat uns aber vor allem gezeigt, dass wir unangenehme Themen wie Leiden und menschliche Schwächen nicht vermeiden oder ignorieren können.

In Zeiten des Unglücks und der Unsicherheit wie während einer Pandemie fühlen sich Menschen oft machtlos, verlieren das Gefühl der Kontrolle über ihr Leben und sogar manchmal ihren Glauben. Auch einzelne Studien im Rahmen der COVID-19-Pandemie haben gezeigt, dass das Praktizieren von Dankbarkeit bzw. die dankbare Disposition mit einer besseren psychischen Gesundheit assoziiert war.[103, 105, 106] Furcht und mangelndes Wissen über den Verlauf neuer Krankheiten lösen oft Angst und irrationale Reaktionen hervor, was ein erhöhtes Maß an Stress und psychischer Belastung verursacht. Vorbestehende psychische Gesundheitsprobleme, Veränderungen des Lebensstils, aber auch finanzielle oder wirtschaftliche Stressfaktoren verschlimmerten dabei das Ausmaß der psychischen Belastung, die Menschen während der Pandemie erlebten.[107]

Mehrere neuere Metaanalysen ergaben, dass (Schreib)Interventionen zu Dankbarkeit verschiedene Komponenten des Wohlbefindens wie Lebenszufriedenheit und Glück/Freude verbessern[44, 45] und Symptome von Depression und Angst, zumindest ein wenig, verringern können[108]. Schreiben hilft, uns besser zu fühlen, weil es unter anderem Individuen erlaubt, die Ereignisse kognitiv und emotional zu verarbeiten und diese in ihr existierendes Sinngebilde zu integrieren.[109, 110]

Während der Pandemie wurden z. B. die Teilnehmenden einer US-Studie gebeten, über kleine und große Dinge in ihrem Leben zu schreiben, für die sie dankbar waren. Darüber hinaus wurden sie angewiesen, zuvor nicht gewürdigte Aspekte ihres Lebens zu benennen, für die sie dankbar waren, einschließlich Situationen der vorangehenden Woche, die besonders bedeutsam gewesen waren.[107]

Das Ausmaß der Dankbarkeit wurde mit der „Gratitude Adjective Checklist (GAC)" überprüft.[111] Diese besteht aus drei Elementen, deren Resultate addiert werden. Die ersten beiden sind Gefühle der Dankbarkeit: „thankful" und „grateful" (vgl. zum Bedeutungsunterschied S. 136), das dritte Attribut ist „appreciative" (anerkennend bzw. wertschätzend). Diese einfache Checkliste wird vor allem für aktuelle, zeitnahe Dankbarkeitsgefühle verwendet, kann jedoch einen längeren Zeitraum einschließen, indem in der Anweisung die angegebene Zeit variiert wird, z. B. von „jetzt" und „gestern" auf „in den letzten Wochen".

Die Instruktion lautet wie folgt:
Denken Sie darüber nach, wie Sie sich [gestern gefühlt haben/in den letzten Wochen gefühlt haben]. Verwenden Sie eine Skala von 1 (überhaupt nicht), 2 (ein wenig), 3 (mäßig), 4 (ziemlich) bis 5 (extrem), wählen Sie bitte eine Zahl, die angibt, wie sehr Sie sich in den folgenden Bereichen fühlen:
_____ 1. Grateful, z. B. dankbar für jemanden ...
_____ 2. Thankful, z. B. dankbar, dass ...
_____ 3. Wertschätzend

Die Summe der Antworten auf die drei Elemente ergibt das Endergebnis. Die Resultate der Studie zeigen eine Reduktion von Stress durch die Dankbarkeitsinterventionen.

2. Dankbarkeit und psychisches Wohlbefinden

Eine Reihe weiterer Studien beleuchtet den Zusammenhang zwischen Dankbarkeit und Wohlbefinden im Kontext der Coronapandemie:

In einer COVID-19-Studie mit 54 heterosexuellen, verheirateten chinesischen Paaren zeigte sich, dass die wahrgenommene positive Unterstützung durch den/die Partner*in mit einem höheren Maß an Dankbarkeit und einem geringeren Stressniveau assoziiert war.[112] Mehr soziale Unterstützung verbessert Bewältigungsstrategien und fördert daher gesündere und positivere Verhaltensweisen.

In einer weiteren COVID-19-Studie[113] wurden britische Teilnehmende gebeten, an drei Dinge („Three Good Things") zu denken, für die sie täglich dankbar waren und diese zu notieren. Nach der Dankbarkeitsintervention berichteten die Teilnehmenden über ein höheres Selbstwertgefühl, sowie weniger Angst vor Corona und eine höhere soziale Verbundenheit im Vergleich zu Teilnehmenden der Kontrollintervention.

Weiterhin ergab eine britische Studie, dass protektive Faktoren wie körperliche Aktivität, tragischer Optimismus (Optimismus im Angesicht einer Tragödie), physische und psychische Verbundenheit mit der Natur, aber auch Dankbarkeit zum Wohlbefinden während der SARS-CoV-2 Pandemie beitrugen.[114]

Auch während der Pandemie wurde deutlich, dass Dankbarkeit über soziale Unterstützung und gesteigerte Hoffnung das Wohlbefinden verbessert und antidepressiv wirkt, wie eine Untersuchung bei chinesischem medizinischem Personal, das im Frühjahr 2020 an vorderster Linie in Wuhan agierte, gezeigt hatte.[115] Auch eine Befragung von etwa 1500 Südkoreaner*innen während der COVID-19-Pandemie lässt vermuten, dass die dankbare Haltung invers mit depressiver Symptomatik assoziiert ist.[116]

Dankbarkeit und Hoffnung decken das gesamte Zeitspektrum ab: Dankbarkeit das Jetzt und die Vergangenheit, Hoffnung die Zukunft. Positive Erinnerungen, die in der Vergangenheit Dankbarkeit hervorriefen, können uns hoffen lassen und die Aufmerksamkeit von negativen Ereignissen ablenken. Hoffnung befähigt, mit einer Reihe von Frustrationserfahrungen während und abseits der Pandemie besser umzugehen. Hoffnung ist laut dem Arzt und Psychotherapeuten Alfried Längle der Gegenpol der Resignation.[117] Sie verankert uns im Leben in Situationen, die scheinbar aussichtslos sind. Dadurch weist Hoffnung ein außergewöhnlich stressreduzierendes Potenzial auf. Der/die Hoffende steckt nicht zurück. Alles ist möglich, in die Zukunft können wir nicht blicken. Daher ist Hoffnung auch keine Illusion oder Selbstbetrug. Hoffnung ist nicht gleichzusetzen mit Optimismus, wie es in der Alltagssprache nicht selten erfolgt. Das banale *Alles wird gut* ist eine Haltung, die tagtäglich rezitiert wird, ohne über sie zu reflektieren. Hoffnung ist meines Erachtens nicht wie Optimismus, der Glaube oder sogar die Überzeugung, dass alles gut wird, sondern, dass es zumindest akzeptabel und bestenfalls den Vorstellungen entsprechend wird. Hoffnung ist realistische Positivität.

Zusammenfassend kann das regelmäßige Erleben von Dankbarkeit und/oder kurze Übungen zum Herbeiführen oder Steigern der dankbaren Haltung, wie das Führen eines Dankbarkeitstagebuchs, eine einfache Strategie sein, um besser mit psychischen Problemen während zukünftiger Pandemien oder anderen globalen Belastungen klarzukommen.

3. Dankbarkeit hält gesund

Nicht die Glücklichen sind dankbar.
Es sind die Dankbaren, die glücklich sind.
Francis Bacon (1561–1626)/
George Herbert Morrison (1866–1928)

Eine Handvoll Studien lassen vermuten, dass dankbarere Menschen körperlich gesünder sein könnten, und man nimmt an, dass wissenschaftlich konzipierte Praktiken zur Steigerung der Dankbarkeit, wie das Führen eines Dankbarkeitstagebuchs oder das regelmäßige Aufschreiben von Erfahrungen, die einen glücklich machen oder einem guttun, auch die Gesundheit der Menschen verbessern und sie vor allem ermutigen könnten, einen gesünderen Lebensstil anzunehmen.

Bei einer Befragung von 962 Schweizer*innen zeigte sich z. B., dass generelle Dankbarkeit mit einer besseren, selbst berichteten körperlichen Gesundheit einhergeht, möglicherweise vermittelt durch eine gesteigerte psychische Gesundheit, einem gesünderen Lebensstil oder auch der Bereitschaft, mehr Unterstützung für gesundheitliche Probleme in Anspruch zu nehmen.[118] In einer Zusammenfassung von Studien zu Dankbarkeitsinterventionen zeigte sich ferner, dass das selbst berichtete Gesundheitsverhalten der Teilnehmenden verbessert wurde, wobei sieben der analysierten 15 Studien signifikante Effekte in diesem Bereich angaben.[4]

Wie in Kapitel 2.2 ausgeführt, reduziert Optimismus nachweislich das Risiko, an Herz-Kreislauf-Erkrankungen zu sterben (vgl. S. 52ff). In gleicher Weise kann das Praktizieren von Dankbarkeit Stress reduzieren, was sich wiederum positiv auf das Herz-Kreislauf-System, hier vor allem auf den Blutdruck auswirkt.[119, 120] Durch ständige Aktivierung des Stressnervensystems Sympathikus und vor allem durch die prolongierte Freisetzung des Stresshormons Cortisol kann belastender Stress nicht nur den Blutdruck erhöhen, sondern auch metabolische Störungen wie Diabetes begünstigen, aber auch zu Depressionen führen.

Außerdem wurde bei Herzpatienten und -patientinnen ein höheres Niveau an Dankbarkeit mit besserem Schlaf, weniger Müdigkeit und depressiver Stimmung sowie niedrigeren Konzentrationen von Entzündungsmarkern in Verbindung gebracht.[121] Auch bei einer anderen Pilotstudie bei Patienten und Patientinnen mit Herzinsuffizienz zeigten sich durch Dankbarkeitsintervention[122], wie das Aufschreiben von Dingen, für die man dankbar ist (vgl. auch Kapitel 15.1, S. 138), geringere Entzündungsmarker wie das C-reaktive Protein und der Tumor-Nekrose-Faktor-α im Blut. Dabei wird vermutet, dass eine chronische, geringgradige Entzündung im Körper – in der wissenschaftlichen Literatur als „chronic low grade inflammation" bezeichnet – ein wichtiger Grund für verschiedene altersabhängige Krankheiten, wie Krebs, Infektionsanfälligkeit, oder auch neurodegenerative Erkrankungen darstellt. Jedoch haben nicht alle Studien vorteilhafte Effekte auf Entzündungsmarker und kardiovaskuläre Parameter gezeigt, wie in zwei Übersichtsarbeiten beschrieben wurde.[43, 51]

Neben möglichen positiven Effekten auf Entzündungsprozesse verbesserte sich durch Dankbarkeitsinterventionen bei Herzpatienten auch der sogenannte Vagotonus als Hinweis auf mehr Ruhe und Entspannung.[122]

Der Vagotonus bezieht sich auf die Aktivität des Vagalnervs als einen wichtigen Bestandteil des Parasympathikus, dem Teil des autonomen Nervensystems, der für die Entspannungs- und Erholungsreaktionen des Körpers verantwortlich ist. Studien haben gezeigt, dass negative Emotionen wie Wut, Frustration oder Angstzustände Herzrhythmen stören und unberechenbarer machen. Der Grund dafür ist eine geringere Synchronisation in der Wechselwirkung zwischen dem Parasympathikus, der in Ruhe, Schlaf und bei Verdauung aktiv ist, und dem Sympathikus, der bei Belastung und Stress angeregt wird. Im Gegensatz dazu sind anhaltende positive Emotionen wie Wertschätzung, Liebe und Mitgefühl mit kohärenten, harmonischen Mustern im Herzrhythmus verbunden und das autonome Gleichgewicht zu erhöhter parasympathischer, vagaler Aktivität verschoben.[123, 124]

Forscher haben auch zeigen können, dass Dankbarkeitsinterventionen bei Studentinnen zu einer Steigerung der Körperwertschätzung, der Reduktion der Unzufriedenheit mit dem eigenen Körper, der Verringerung des dysfunktionalen Essens und der Verringerung depressiver Symptome führt.[50]

Die Wirksamkeit von Dankbarkeitsinterventionen ist jedoch möglicherweise nur von kurzer Dauer. In der Studie von Seligman et al.[125] blieben die positiven Effekte auf Glück und Verringerung der depressiven Symptome nach Schreiben eines Dankbarkeitsbriefs an jemanden, der besonders nett zu ihnen gewesen war, dem aber nie richtig gedankt wurde, bis zu einem Monat nach der Intervention aufrecht. Drei Monate später waren die Teilnehmenden der Dankbarkeitsstudie jedoch nicht glücklicher oder weniger depressiv als zu Beginn der Untersuchung. Daraus folgt, dass zumindest gewisse kurzzeitige Dankbarkeitsinterventionen möglicherweise eher für vorübergehende Herausforderungen wie zum Beispiel eine Pandemie oder andere Krisen geeignet sind, um einem möglichen Rückgang des Wohlbefindens entgegenzuwirken.

Besser ist es daher, am Ball zu bleiben. Tägliches kurzes Praktizieren von Dankbarkeit kann die innere Unruhe reduzieren und dadurch den Körper in entspannender Balance halten. Die dankbare Haltung verbessert das subjektive Wohlbefinden, wodurch wiederum mehr Energie, Freude und Motivation generiert werden können, um einem gesünderen Lebensstil nachzugehen, was in weiterer Folge unserer Gesundheit zugutekommt und unser Krankheitsrisiko senkt.

3.1 Dankbarkeit verbessert den Schlaf

Ein erholsamer Schlaf ist entscheidend für unser tägliches Wohlbefinden und unsere Leistungsfähigkeit. Dennoch wird der Einfluss eines guten Schlafes auf unsere Gesundheit unterschätzt, und viele Menschen vernachlässigen oder kennen teilweise nicht die weitreichenden Konsequenzen eines schlechten Schlafes.

Individuen, die eine ausreichende Schlafdauer und eine befriedigende Schlafqualität aufrechterhalten, sind entspannter, leistungsfähiger, können sich besser konzentrieren und sind daher auch lernfähiger. Andererseits kann ein chronisch schlechter Schlaf viele gesundheitliche Folgen nach sich ziehen. Dazu gehören z. B. Herz-Kreislauf-Erkrankungen wie Bluthochdruck.[126–128] Als Mechanismen werden eine vermehrte Aktivität des Stressnervensystems, gesteigerte Freisetzung von Blutdruck steigernden Hormonen wie Adrenalin und Cortisol sowie Dysfunktionen in der Gefäßwand diskutiert.[126]

Ein Schlafmangel erhöht außerdem das Risiko für Typ-2-Diabetes, wie mehrere Studien und Metaanalysen zeigen konnten.[129,130] Als Mechanismen werden neben einer gestörten Insulinwirkung[131] auch eine geringere körperliche Aktivität bei zu kurzem oder schlechtem Schlaf diskutiert[132].

Außerdem erhöht ein chronisch schlechter, zu kurzer Schlaf das Risiko für Übergewicht.[133] Dabei hat sich in experimentellen Studien, in denen Testpersonen nur wenig schlafen durften, gezeigt, dass diese Schlafrestriktion zu einem erhöhten Hungergefühl und einer vermehrten Energieaufnahme führt.[134] Es ist auch schon seit Längerem bekannt, dass langjährige Nachtschichtarbeit mit einer höheren Wahrscheinlichkeit für Übergewicht assoziiert ist.[135] Nicht uninteressant ist dabei die Vermutung, dass ein chronisch schlechter Schlaf auch das Immunsystem in Mitleidenschaft ziehen könnte.[136, 137]

Geschätzt wird, dass etwa jeder dritte bis vierte Erwachsene in Industrieländern unter Schlafstörungen beziehungsweise Schlaflosigkeit und/oder einer schlechten Schlafqualität leidet. Diese können als eigenständige Symptomatik oder als Folge von Erkrankungen oder anderen Ursachen auftreten.[138, 139] Insbesondere Stress und psychische Probleme von Depressionen bis Angststörungen, aber auch körperliche Beschwerden, allen voran chronische Schmerzen, können Schlafstörungen begünstigen. Auch wiederholte negative Gedanken, wie Grübeln und sich Sorgen machen, sind mit einer schlechteren Schlafqualität, kürzeren Schlafdauer und längerer Einschlafzeit assoziiert. Dies wurde in einer Metaanalyse, in die Daten von 55 Studien einflossen, beschrieben.[140]

Das regelmäßige Praktizieren von Dankbarkeit bzw. die dankbare Haltung sind nicht nur ein guter Airbag gegen Stress, sondern sie können auch den Schlaf verbessern. Zum Beispiel wurde das Praktizieren von Dankbarkeit mit einer längeren Schlafdauer und besserer Erholung nach dem Schlaf in Verbindung gebracht.[5]

Auch Wood und Coautoren[141] zeigten in einer Stichprobe von 401 Personen, von denen 40 Prozent unter einem klinisch beeinträchtigten Schlaf litten, dass eine dankbare Disposition sowohl mit der Gesamtschlafqualität und als auch mit der Schlafdauer korrelierte. Dankbare

Menschen erlebten vor dem Einschlafen weniger negative und dafür mehr positive Gedanken, wie z. B. Ereignisse, die ihnen in den letzten Tagen Freude bereitet hatten, was zu erklären schien, warum sie insgesamt besser schliefen.[141]

Dauerhafter Stress und Sorgen erschweren uns das Einschlafen am Abend und das Wiedereinschlafen nach kurzem Aufwachen in der Nacht.[141] Dankbarkeit könnte hier durch positive Kognition beim Zubettgehen gegensteuern.

Auch eine Zusammenfassung von verschiedenen Studien zu Dankbarkeitsinterventionen zeigte, dass die subjektive Schlafqualität in fünf von acht Studien verbessert wurde.[4]

Daher wären bei Schlafstörungen Praktiken zur Steigerung von Dankbarkeit neben anderen Möglichkeiten wie Verhaltenstherapien, Entspannungstechniken oder Verbesserung der Schlafhygiene lohnenswert, vor allem bei Personen, die über höheren Stress und vermehrt Sorgen und negative Gedanken vor dem Einschlafen berichten.

4. Dankbarkeit ist das Fundament für ein gutes Miteinander – die sozialen Aspekte

*Die dankbaren Menschen geben
den anderen Kraft zum Guten.*

Albert Schweitzer (1875–1965)

Der Dichter Edwin Arlington Robinson (1869–1935) schrieb einst, dass es zwei Arten von Dankbarkeit gibt: die unmittelbare für das, was wir bekommen; und die größere, die wir empfinden, für das, was wir geben.[142]

Dankbarkeit ist eng mit der Pflege qualitativ hochwertiger Beziehungen verbunden und stellt einen wesentlichen Faktor dar, um soziale Bindungen zu stärken, die Bildung von Beziehungen zu fördern und ein Gefühl der Verbundenheit zu entwickeln. Dieser Zusammenhang ist immens wichtig, da soziale Bindungen und soziale Unterstützung die am stärksten nachgewiesenen psychosozialen Faktoren sind, welche die körperliche Gesundheit beeinflussen.[143]

Zu Beginn des 20. Jahrhunderts wies der Soziologe Georg Simmel (1858–1918) in seinem bedeutenden Essay „Dankbarkeit", einem der wenigen Texte, die in dieser Zeit direkt dieses Thema behandelten, auf die „kaum zu überschätzende" Bedeutung der Dankbarkeit für die Soziologie hin.[144] Er nannte Dankbarkeit „das moralische Gedächtnis der Menschheit". Durch gegenseitiges Geben werden Menschen durch ein Netz von Gefühlen der Dankbarkeit verbunden, „ja nicht nur für das, was jemand überhaupt tut, danken wir ihm, sondern nur mit dem gleichen Begriff kann man das Gefühl bezeichnen, mit dem wir oft auf die bloße Existenz von Persönlichkeiten reagieren: wir sind ihnen dankbar, bloß weil sie da sind, weil wir sie erleben".[144]

Simmel sah Dankbarkeit als eines der „stärksten Bindemittel" innerhalb der Gesellschaft an [144], ein Bündnis für die „Kontinuität des Wechsellebens" mit Potenzial zur geistigen Nachhaltigkeit: „Die Dankbarkeit ist ein solches Weiterbestehen im entschiedensten Sinne, ein ideelles Fortleben einer Beziehung, auch nachdem sie etwa längst abgebrochen und der Aktus des Gebens und Empfangens längst abgeschlossen ist."[144]

Ein Ende von Dankbarkeit würde das Ende der Gesellschaft in ihrer aktuellen Form bedeuten. Simmel weist zu Recht darauf hin, dass Dankbarkeit ein Gegenmittel gegen die vollständige „Sachwerdung" menschlicher Beziehungen darstellt. Menschliche Beziehungen laufen Gefahr, verdinglicht zu werden, wenn die Beziehung zwischen Menschen auf eine Interaktion zwischen Objekten reduziert wird. Dankbarkeit bildet das „subjektive Residuum" im wirtschaftlichen Austausch und stellt ein Gegengewicht zur vollständigen Objektivierung der Beziehung dar.[144] Dankbarkeit motiviert die Menschen, ihre Beziehungen herzlich, friedlich und frei von Konflikten zu halten.

Sei denen dankbar, die dir Gutes tun. Seid dankbar für die guten Dinge, die euch widerfahren. Das ist etwas, das wir unseren Kindern im jüngsten Alter beibringen. Nach *Mama* und *Papa* sind *bitte* und *danke* wohl die ersten Wörter, die ein Kind in seiner Muttersprache lernt, zumindest in der westlichen Welt, und wohl auch die ersten Wörter, die sich ein

Erwachsener in einer Fremdsprache aneignet. Aber gleich nach diesen sprachlichen Errungenschaften müssen die Lernenden auch Ausdrücke des (wenn auch nur leichten) Bedauerns wie *Entschuldigung* oder *Es tut mir leid* beherrschen. Kurz gesagt, mehr oder minder synchron mit den Ausdrücken, mit denen wir um Gefallen oder Vorteile bitten, lernen wir auch Ausdrücke, mit denen wir um Nachsicht, Verzeihung oder Vergebung für (wenn auch geringfügige) Versäumnisse, Fehler oder Übertretungen bitten.

Man könnte argumentieren, dass ein Dankeschön lediglich ein Korrelat der Erziehung und der gesellschaftlichen Normen darstellt, eine Art von Gewohnheit, eine reflektorische, unbewusste Kommunikation, und demnach etwas anderes ist als das echte, tiefergehende Gefühl der Dankbarkeit. Im Alltag sprechen wir das Wort *Danke* tagtäglich schon automatisiert aus, ohne dass positive Gefühle damit einhergehen. Aber auch wenn Dankesworte nur symbolisch und nicht mit einer Emotion der Dankbarkeit verbunden sind, haben sie dennoch eine Bedeutung und sind die Minimalanforderung für ein funktionierendes, soziales Gefüge.

Dankbarkeit ist eine wichtige Dimension des Lebens, wenn wir im Alltag mit anderen interagieren. Es ist schier unmöglich, sich eine Welt vorzustellen, in der Individuen nicht regelmäßig Dankbarkeit empfangen oder geben. Dankbarkeit ist einer der Bausteine der zivilen und humanen Gesellschaft.

Dankbarkeit wurde dem Menschen möglicherweise evolutionär mitgegeben, als Mechanismus, um die Gesellschaften im Laufe der Zeit zusammenzuhalten und um die Zusammenarbeit zwischen den Menschen zu fördern. Damit sie kooperieren können, müssen Individuen mit Mechanismen ausgestattet sein, die eine Motivation fördern, sich aneinander anzunähern. Wir brauchen andere, um uns wohlzufühlen und das Leben zu meistern. Dankbarkeit spielt als stabiles Verbindungsglied dabei eine bedeutende Rolle.

4.1 Dankbarkeit schützt vor Rachegefühlen

Der amerikanische Philosoph Robert C. Solomon (1942–2007) hat im Vorwort eines Buches zur Psychologie der Dankbarkeit provokant behauptet, dass Dankbarkeit ein positives Gegenstück zu Rache darstellt.[145] Rache weist nicht nur in der Menschheitsgeschichte eine zentrale Bedeutung auf[146], sondern ist vor allem in unserem sozialen Leben allgegenwärtig, einschließlich den leidigen privaten Reibereien und nachbarschaftlichen Fehden. Die Gründe sind mannigfaltig, angefangen von kleinen Indiskretionen und Lügen bis hin zu Untreue, sowohl in körperlicher und psychischer als auch in finanzieller Hinsicht. Die Konsequenzen können harmlosere sarkastische Bemerkungen sein, die schnell vergessen sind, bis hin zu Taten, die unter Umständen einem anderen Leben ein Ende setzen.

Rache und Dankbarkeit teilen trotz ihrer Gegensätzlichkeit gewisse parallele Merkmale. Rache kann Gleiches mit Gleichem vergelten, anlehnend an das alte Talionsprinzip: *Auge um Auge, Zahn um Zahn* oder hinsichtlich Quantität und Qualität unterschiedliche Rückaktionen auslösen[146,] wie etwa Liebesentzug, um Untreue zu rächen. Ähnliches gilt auch für die Reziprozität bei Dankbarkeit, die aber seltener dem Prinzip Gleiches mit Gleichem (beschenken) folgt. Jedoch kann vor allem die Qualität der Rückvergütung, von einem einfachen *Danke* bis zur späteren Hilfeleistung auf eine Wohltat, stark variieren.

Rache geht auch nicht selten der Wunsch nach Wiederherstellung von Gerechtigkeit voraus, einem Gefühl, dass dem Menschen tief innewohnt und von dem auch unter Umständen seine Handlungen motiviert werden. *Er hat bekommen, was er verdient* ist ein typischer Spruch, der diesen Aspekt veranschaulicht. Auch Dankbarkeit, wenn sie über ein einfaches *Danke* hinausgeht, wird zumindest teilweise vom Gefühl motiviert, dem Wohltäter gerecht werden zu wollen.

So gesehen ist Rache nicht gleich Rache und Dankbarkeit nicht gleich Dankbarkeit. Rache findet oft kein Ende und kann in einen sich verstärkenden Kreislauf führen, in dem sich der Schaden immer weiter aufbaut. Es entsteht eine Abwärtsspirale, die im Extremfall in eine Katastrophe führen kann. Bei Dankbarkeit wiederum kann sich eine positive Aufwärtsspirale entwickeln – Wohltat ruft Dankbarkeit hervor.

Alles in allem – während Rache die Antwort des Bösen auf das Böse ist, reflektiert Dankbarkeit die des Guten auf das Gute.

4.2 Dankbarkeit und Vergebung

Dankbarkeit im Rahmen von positiven Gefühlen ist wahrscheinlich auch mit dem Willen, anderen zu vergeben bzw. zu verzeihen (in der englischsprachigen wissenschaftlichen Literatur als „forgiveness" angeführt) verbunden, wie verschiedene Studien beschrieben haben.[8, 147–149] In diesem Zusammenhang ist eine türkische psychologische Studie erwähnenswert, die vermuten lässt, dass Dankbarkeit auch eine vermittelnde Rolle beim Vergeben von Rachegefühlen spielt.[149]

Vergebung ist entscheidend für die Aufrechterhaltung enger Beziehungen und ist ein emotionaler *Ersatz* für Rache durch Gefühle des Wohlwollens gegenüber der Person, die einen schlecht behandelt hat.[150] Wenn Menschen mehr Dankbarkeit empfinden, neigen sie unter Umständen weniger zu Rachegelüsten und vermeiden möglicherweise auch die damit verbundenen Verhaltensweisen wie zwischenmenschliche Auseinandersetzungen. Vielleicht bewirkt Dankbarkeit auch, dass man anderen Menschen mit Mitgefühl begegnet, anstatt auf Vergeltung zu sinnen und zwischenmenschliche Konflikte zu schüren. Ich vermute daher, dass Menschen, die häufiger Dankbarkeit empfinden, möglicherweise weniger rachsüchtig sind, und es öfter zulassen, anderen zu verzeihen und zu vergeben.

Allgemein ist Vergebung für die Aufrechterhaltung enger, befriedigender Beziehungen von entscheidender Bedeutung[151], und sie hilft, beschädigte Beziehungen, die immer wieder vorkommen können, zu reparieren. Sie weist eine heilende Wirkung auf und bietet eine gute Möglichkeit für Konziliation.

Vergebung kann sich auf drei verschiedenen Ebenen auswirken[151]:
Auf der intrapersonellen Ebene könnte unter bestimmten Umständen ein hohes Maß an Vergebung mit einem erhöhten Wohlbefinden wie positiven Affekt und Lebenszufriedenheit verbunden sein.[152, 153] Auf der zwischenmenschlichen Ebene könnte Vergebung die Beständigkeit und Stabilität von Beziehungen fördern. Schließlich könnte Vergebung in einem breiteren Kontext zu mehr prosozialem Verhalten gegenüber Dritten motivieren.[151]

Auf der anderen Seite ist Unversöhnlichkeit ein Stressfaktor und mit Ärger und Feindseligkeit assoziiert, wie verschiedene Untersuchungen gezeigt haben.[154] Diese wiederum können zu verschiedenen Gesundheitsproblemen führen. Wie bereits im Kapitel 2 ausgeführt (vgl. S. 41), ist das Risiko für kardiovaskuläre Ereignisse wie einen Herzinfarkt bei Personen, die ein höheres Ausmaß an feindseligen Gefühlen und Ärger an den Tag legen, signifikant höher im Vergleich zu denjenigen, die nicht diese Eigenschaften besitzen.[57]
Durch Reduktion von Stress und mehr sozialer Unterstützung könnte daher Vergebung vor Krankheiten schützen und entsprechend möglicherweise sogar mit einem längeren Leben assoziiert sein. Studien dazu sind notwendig. Die Hürde zu vergeben, ist für viele vielleicht hoch und scheinbar unüberwindbar, aber die bewusste Bereitschaft, sie zu nehmen, hilft sie leichter zu bewältigen.

4.3 Dankbarkeit schützt vor sozialer Isolation

Verbundenheit ist ein menschliches Grundbedürfnis, und vertrauensvolle, unterstützende zwischenmenschliche Beziehungen sind elementar für das Wohlbefinden und stellen einen allgemeinen Resilienzfaktor über die gesamte Lebensdauer dar.[155] Dankbare Menschen werden häufiger als *warmherzig* eingestuft, so ist Dankbarkeit auch ein positives, warmes/behagliches Gefühl. Wärme schafft Nähe, Sympathie und Vertrauen. Die Forschung legt nahe, dass Dankbarkeit Menschen dazu inspiriert, großzügiger und prosozialer zu sein; Dankbarkeit schafft neue Freunde, stärkt Beziehungen, einschließlich romantischer Beziehungen; und Dankbarkeit kann das Arbeitsklima verbessern. Sie schützt demnach vor sozialer Isolation.

Der Mensch ist evolutionär betrachtet ein soziales Wesen. Er ist auf das harmonische Zusammenleben mit Seinesgleichen angewiesen. Es ist ein starkes natürliches Bedürfnis, das uns auch am Leben hält.

Jedoch hat insbesondere das letzte Jahrhundert in sozialer Hinsicht enorme Veränderungen mit sich gebracht. Urbanisierung, Individualisierung und zunehmende Technisierung, vor allem die ungebremste Verwendung von Internet und Smartphones machen den Aufbau und die Pflege von persönlichen sozialen Kontakten schwieriger. Anonymität in den eigenen vier Wänden und in der virtuellen Welt ist erwünscht. Daneben gibt es immer mehr Singlehaushalte – dies lässt sich nicht nur auf den Wunsch nach Freiheit, Unabhängigkeit und einer Lebensweise nach dem Motto YOLO (*You only live once*) in jungen Jahren oder auf höhere Scheidungsraten im mittleren Alter zurückführen, sondern auch auf die höhere Lebenserwartung, wenn der Partner oder die Partnerin verstorben ist.

Wenn die sozialen Aktivitäten dann runtergefahren werden, droht soziale Isolation. Das kann jeden betreffen, vor allem ältere Menschen nach der Pensionierung, insbesondere wenn vorher schon kaum ein Freundeskreis vorhanden war. Die Konsequenz der sozialen Isolation ist oft das Gefühl der Einsamkeit.

Einsamkeit ist dabei die wahrgenommene Diskrepanz zwischen den gewünschten und den tatsächlich vorhandenen sozialen Beziehungen.[156, 157] Die soziale Isolation hingegen ist nüchtern betrachtet der nachweisbare, objektive Zustand des Alleinseins. In der Regel korrelieren Einsamkeit und soziale Isolation gut miteinander, wobei soziale Isolation nicht zwangsläufig Einsamkeit hervorruft, insbesondere dann nicht, wenn sie freiwillig gewählt wird, wie z. B. bei dem bekannten Schriftsteller Henry David Thoreau, der ab 1845 für etwa zwei Jahre extrem sozial isoliert in den Wäldern von Concord (Massachusetts) am See Walden Pond gelebt und seine Erfahrungen in dem Buch „Walden oder Leben in den Wäldern" niedergeschrieben hat. Auf der anderen Seite können sich auch Menschen sehr einsam fühlen, auch wenn sie über ein großes soziales Netzwerk verfügen. Die Qualität und subjektive Wahrnehmung sind dabei viel gewichtiger für das psychische Wohl als die Quantität der sozialen Ressource.

Einsamkeit kann mit Verzweiflung, Resignation, gedrückter Stimmung bis hin zu Depressionen, aber auch Angststörungen einhergehen.[158, 159] Einsamkeit erhöht sogar deutlich das Risiko für Demenz.[160] Auch das Risiko für Herz-Kreislauf-Erkrankungen wie Bluthochdruck, Herzinfarkt und Schlaganfall durch Einsamkeit oder soziale Isolation wird gesteigert.[161–164] Im schlimmsten Fall stirbt man früher, wie zahlreiche Studien und deren Zusammenfassungen beschrieben haben.[165, 166] Dabei zeigte sich z. B., dass das Risiko, früher zu sterben, bei Menschen mit geringen sozialen Kontakten ähnlich hoch lag wie bei Nikotin- oder Alkoholabhängigen.

Soziale Isolation schwächt zudem das Immunsystem. In einer erwähnenswerten Studie aus dem Jahre 1997 von Sheldon Cohen et al. wurden gesunde Personen mit einem Schnupfenvirus infiziert. Vorher wurde ihr soziales Netzwerk evaluiert. Die Resultate zeigten, dass diejenigen mit mehr sozialen Bindungen seltener krank wurden als jene, die über wenige verfügten.[167] Dabei hatten Testpersonen mit nur ein bis drei sozialen Bindungen ein vierfach höheres Erkrankungsrisiko als diejenigen mit sechs und mehr sozialen Bindungen.

Die Gründe für diese negativen Effekte sind, dass einerseits Einsamkeit einen starken Stressfaktor darstellt, der sich ungünstig auf die Ausschüttung von Stresshormonen auswirkt, die dann in weiterer Folge das Krankheitsrisiko erhöhen. Andererseits gehen einsame Menschen auch unter Umständen eher einem ungesunden Lebensstil nach, wie höherem Alkoholkonsum, Rauchen, ungesunder Ernährung und Bewegungsarmut.

Aus diesen Gründen sind soziale Kontakte sehr wichtig. Es wurden in der wissenschaftlichen Literatur verschiedene Maßnahmen gegen Einsamkeit und soziale Isolation, insbesondere im Alter, beschrieben.[168–170] Dazu gehören unter anderem Bewegungsinterventionen, vor allem in der Gruppe, Verbesserung der sozialen Unterstützung, etwa durch freiwillige Helferinnen und Helfer, die die älteren Personen besuchen und Unterstützung anbieten, Verbesserung der sozialen Fähigkeiten, etwa durch soziale Kompetenztrainings, aber auch Veränderung fehlangepasster, sozialer kognitiver Muster, die unter anderem mit einer verzerrten Eigenwahrnehmung oder einem geringen Selbstwertgefühl einhergehen, aber auch zu Fehleinschätzungen von anderen und des Umfelds führen.

Neuere Forschungen haben außerdem gezeigt, dass Dankbarkeit negativ mit Einsamkeit korreliert.[171, 172, 173] Andrea Caputo fand dabei z. B. heraus, dass Dankbarkeit Gefühle von Einsamkeit dämpfen kann, während gleichzeitig Variablen wie subjektives Glück und Lebenszufriedenheit verstärkt werden.[174]

Zusammenfassend ist Dankbarkeit ein Katalysator für vertiefte soziale Nähe und Beziehungszufriedenheit und bietet über diesen Weg einen Schutz vor Einsamkeit.

4.4 Dankbarkeit schafft Sympathie

In der Mitte des 18. Jahrhunderts veränderte der schottische Philosoph und Soziologe Adam Smith (1723–1790) die Art und Weise, wie Dankbarkeit im Westen konzeptualisiert wurde. In seinem moralphilosophischen Werk *The Theory of Moral Sentiments* befasste er sich mit dem Thema Dankbarkeit.[175–177] Anstatt sie rational zu erklären, versuchte er zu beschreiben, welche Mechanismen Dankbarkeit hervorruft und wie sie sich auf andere moralische Fragen auswirkt. Smith interessierte auch, wann Dankbarkeit als Reaktion auf bestimmte Situationen angemessen ist, und was die Gründe dafür sind.

Smith war der Meinung, dass Dankbarkeit eine entscheidende Rolle dabei spielt, die Welt zu verbessern und außerdem unerlässlich ist für die Aufrechterhaltung einer auf einem guten Willen basierenden Gesellschaft. Dankbarkeit ist, wie bereits dargestellt, ein Phänomen, das Menschen in der Gesellschaft zusammenhält[177] und stellt einen der stärksten Motivatoren für wohlwollendes Verhalten gegenüber einem Wohltäter dar.[176]

Für Smith ist Dankbarkeit die Leidenschaft („passion") und das Gefühl („sentiment"), das die Menschen dazu bringt, andere für das Gute, das sie uns geschenkt haben, zu belohnen.[177, 178] Wie Liebe und Wertschätzung öffnet auch Dankbarkeit den Blick über das eigene Selbst hinaus und befähigt dazu, sich für das Glück und auch das Leid anderer zu interessieren.[177]

Grundlage von Smiths Theorie der Moral ist dabei die Idee der Sympathie („sympathy"): ein dem Menschen innewohnendes, grundsätzliches Interesse am Glück der anderen, das ihn befähigt, sich in die Situation der anderen hineinzuversetzen und damit über seine Eigeninteressen hinaus zu sehen.[177] Durch diese „gegenseitige Sympathie" wünscht sich der Mensch, dass andere dieselben Leidenschaften und Gefühle empfinden wie er selbst: „Nothing pleases us more than to observe in other men a fellow feeling with all the emotions of our own breast …".[175]

Smith identifizierte auch mit großer Klarheit die Kräfte, die das Empfinden von Dankbarkeit in der damaligen modernen Welt bedrohen konnten, wie Eigeninteresse bzw. Egoismus. Auch die Unfähigkeit, sich in die Position eines unparteiischen Zuschauers oder einer Zuschauerin zu versetzen, kann dazu führen, dass man das Ausmaß der Dankbarkeit, die man einer anderen Person ausdrücken möchte, über- oder unterschätzt.[177]

Zwar kann eine Gesellschaft auch ohne Dankbarkeit existieren, aber eine auf Dankbarkeit basierende hat einen deutlich höheren Wert, so Adam Smith, der Dankbarkeit als wichtige emotionale Ressource für soziale Stabilität betrachtete.[176]

4.5 Die Kraft der Gegenseitigkeit

Dankbarkeit ist eine Reaktion auf eine Wohltat und daher eine der grundlegendsten reziproken Interaktionen des menschlichen Zusammenlebens. Diese Wechselbeziehung zwischen Wohltäter*in und Nutznießer*in beruht auf der Theorie der Gegenseitigkeit, die der Soziologe Alvin W. Gouldner (1920–1980) im Jahr 1960 publizierte: Man solle denen, die einem geholfen haben, helfen und sie nicht verletzen.[179]

Die gegenseitige Beziehung weist einen verstärkenden Effekt auf, wie ich schon vorher betont habe, wobei verschiedene Studien gezeigt haben, dass der Ausdruck von Dankbarkeit die Wahrscheinlichkeit erhöht, in

Zukunft (erneut) Vorteile und Wohltaten zu erhalten (vgl. affirmative Aufwärtsspirale S. 45).[180, 181] Ich gebe klarerweise jemandem, der mir dankbar war, lieber wieder etwas, als einer Person, von der ich keine Dankbarkeit erhalten habe.

Mit Höflichkeit und angemessener Dankbarkeit lassen sich auch soziale Bindungen, die über den einfachen wirtschaftlichen Austausch hinausgehen, stärken. Sara B. Algoe entwickelte in diesem Zusammenhang die *Find-Remind-and-Bind-Theorie* der Dankbarkeit[182] und zeigt, wie solche sozialen Bindungen über Dankbarkeit initiiert, aufrechterhalten und entwickelt werden. Dabei erhöhen Gefühle der Dankbarkeit, die sich aus der Freundlichkeit eines anderen ergeben, die Wahrscheinlichkeit, sozial auf sie einzugehen (zum Beispiel auf einfachster Ebene mit einem ehrlichen *Danke*). Die *Find-Remind-and-Bind-Theorie* der Dankbarkeit baut auf Fredricksons *Broaden-and-Build-Theorie* positiver Emotionen auf (vgl. S. 45).[65]

Dankbarkeit unterstützt dabei, Menschen zu *finden* oder zu identifizieren, die gute Kandidaten und Kandidatinnen für qualitativ hochwertige zukünftige Beziehungen sein könnten. Dankbarkeit hilft auch, Menschen an die Güte ihrer bestehenden Beziehungen zu *erinnern*; und es *bindet* sie an ihre Partner*innen und Freunde und Freundinnen, indem sie ihnen das Gefühl gibt, geschätzt zu werden und sie zu Verhaltensweisen zu ermutigen, die dazu beitragen, ihre Beziehungen zu verlängern.

Menschen, die mehr Dankbarkeit im Leben empfinden, nehmen eher wahr, dass ihnen geholfen wurde, reagieren angemessen darauf und geben die Hilfe möglicherweise in der Zukunft zurück. Das wiederum führt dazu, dass der/die Empfangende die neu erhaltene Wohltat erwidert, wodurch eine Aufwärtsspirale von Hilfe und gegenseitiger Unterstützung entsteht. In ähnlicher Weise ist es weniger wahrscheinlich, dass eine undankbare Person Hilfe bewusst wahrnimmt und dann erwidert, wodurch wiederum ihr/ihre Wohltäter*in weniger Bereitschaft zeigt, weitere Hilfe zu leisten.

4.6 Dankbarkeit und soziales Verhalten

Laut Samuel von Pufendorf (1632–1694), einem der bedeutendsten Naturrechtsphilosophen des 17. Jahrhunderts, sind unsere ersten beiden Pflichten in der Gesellschaft, anderen nicht zu schaden und die Gleichheit anderer mit uns selbst anzuerkennen. Die dritte Pflicht besteht darin, nützlich für andere zu sein, soweit man es zweckdienlich kann, zusammengefasst in §9 der Grundregel des Naturrechts: „Jeder muß die Gemeinschaft nach Kräften schützen und fördern."[183]

In einer aktuellen Metaanalyse, in die 65 Arbeiten mit insgesamt 91 Studien und 18 342 Teilnehmenden eingeflossen sind, fand sich, wie im Zusammenhang mit sozialer Isolation bereits angeführt (vgl. S. 70), eine signifikante positive Korrelation zwischen Dankbarkeit und Prosozialität. Die „nutzengesteuerte" Dankbarkeit als Reaktion auf die Freundlichkeit anderer zeigte, wie zu erwarten, einen stärkeren Effekt als generalisierte Dankbarkeit, die sich auf die Würdigung dessen konzentriert, was im Leben wertgeschätzt wird.[184] Außerdem war die Assoziation bei Studien, die reziproke Ergebnisse im Verhältnis zu nicht reziproken Ergebnissen bewerteten, höher, insbesondere bei Studien, die direkte im Vergleich zu indirekter Reziprozität untersuchten.

Reziprozität bedeutet Gegen-Wechselseitigkeit und kann in direkte und indirekte Typen unterteilt werden. Direkte Reziprozität ist dann gegeben, wenn die helfende Person (sagen wir Person A) einer Person B etwas Gutes tut, und die Person B zu einem späteren Zeitpunkt dieses Wohlwollen erwidert (A hilft B, B hilft A zurück). Direkte Gegenseitigkeit ist jedoch nur dann effektiv, wenn Helfer*in und Empfangende sich kennen und sich an ihre bisherige Interaktion erinnern können. Wenn dies nicht der Fall ist, kann durch indirekte Reziprozität Prosozialität erfolgen.[185]

Indirekte Reziprozität gibt es in zwei Richtungen: *downstream* und *upstream*. Indirekte Reziprozität *downstream* tritt auf, wenn die helfende Person (A) Reputation erlangt, indem sie der empfangenden Person (B) hilft, und dieser Reputationsgewinn die Wahrscheinlichkeit erhöht, dass ihr (A) in Zukunft von anderen (C) geholfen wird (A hilft B, dann hilft C A). Zum Beispiel Manfred (A) spendet Blut an das Rote Kreuz (B). Dadurch wird Manfred nicht nur einen guten Ruf erlangen, sondern diese Aktion könnte auch einen moralisch guten Eindruck bei einer unbeteiligten, fremden Person hervorrufen (C), die das zufällig erfahren hat, sodass Manfred evtl. in Zukunft von C profitiert.

Indirekte Reziprozität *upstream* tritt auf, wenn die empfangende Person (B) einer Wohltat (von A) jemand anderem hilft (C) (A hilft B, dann hilft B C).[186] Das klassische Beispiel wäre hier eine Geldspende an eine größere Organisation, die dadurch bedürftige Menschen unterstützt.

Hinsichtlich Reziprozität ist eine Studie von nach Bartlett und DeSteno erwähnenswert, die gezeigt hat, dass Personen mit einer höheren dispositionellen Dankbarkeit eher zu hilfsbereitem Verhalten neigen, als diejenigen, die weniger dankbar sind.[187] Sie fanden heraus, dass im Vergleich zu undankbaren Versuchspersonen, die einem/einer Wohltäter*in gegenüber dankbar waren, mehr Anstrengungen unternahmen, dem/der Wohltäter*in bei einer anderen Sache, wie z. B. beim Ausfüllen einer langweiligen und kognitiv anstrengenden Umfrage, zu helfen. Dabei ist interessant, dass die Dankbaren auch einem/einer Fremden helfen würden, d. h. jemandem, der ihnen nicht geholfen hatte.

Die Hilfsbereitschaft, die durch eine dankbare Haltung verstärkt wird, hat aber noch einen weiteren positiven Effekt auf die dankbare Person – sie schafft Wohlbefinden. In einer Zusammenfassung von 27 Studien mit über 4000 Teilnehmenden, die meisten davon Studenten und Studentinnen, wurde z. B. gezeigt, dass freundliches, hilfsbereites Verhalten

4. Dankbarkeit ist das Fundament für ein gutes Miteinander – die sozialen Aspekte

anderen Menschen gegenüber das eigene Wohlbefinden verbessert[188], ein Phänomen, das der römische Philosoph Seneca bereits vor über 2000 Jahren beschrieben hat[32] (vgl. auch Kapitel 1.4, S. 29).

Dankbarkeit weist demnach duale vorteilhafte Effekte auf, sie macht hilfsbereit und steigert das eigene Wohlgefühl.

Dankbarkeit kann auch bei Jugendlichen zu prosozialem Handeln beitragen. Eine Studie unter der Leitung von Giacomo Bono, die im Rahmen des *Youth Gratitude Project* durchgeführt wurde, begleitete Jugendliche vier Jahre lang und untersuchte den Zusammenhang zwischen Dankbarkeit und der Entwicklung des prosozialen Verhaltens.[189] Es zeigte sich dabei, dass die Zunahme an Dankbarkeit ein erhöhtes prosoziales Verhalten vorhersagte, und diese Beziehung war wechselseitig: Ein Anstieg des prosozialen Verhaltens sagte umgekehrt auch einen Anstieg der Dankbarkeit voraus.

Der Effekt des Praktizierens von Dankbarkeit auf das prosoziale Verhalten kann durch eine Zunahme des erlebten sozialen Wertes erklärt werden. Mit anderen Worten: Das Ausdrücken von Dankbarkeit erhöht das prosoziale Verhalten, indem es Individuen ermöglicht, sich sozial geschätzt zu fühlen.[181]

Schließlich gibt es auch Hinweise darauf, dass das Dankesagen die Teilnahme an Wahlen ermutigen kann. Eine Studie von drei US-Wahlen ergab, dass Wähler*innen, denen eine Postkarte geschickt wurde, auf der ihnen für die Teilnahme an der letzten Wahl gedankt wurde, signifikant häufiger bei der nächsten Wahl abstimmten, als diejenigen, die eine Postkarte erhielten, in der sie nur zur Stimmabgabe aufgefordert wurden. Dieser Effekt war überraschend stark und mobilisierte erfolgreich eine Vielzahl von Wähler*innen.[190]

Zusammenfassend ist Dankbarkeit sowohl ein moralischer Aktivator, der Individuen veranlasst, prosozial und wohlwollend zu handeln.[176, 184] Sie dient auch als ein moralischer Verstärker, der dankbaren Person auch in Zukunft Wohltaten zu zeigen oder diese zu wiederholen. Alles in allem veranlasst sie nachhaltige Großzügigkeit und moralisches Handeln in einer sozialen Gemeinschaft.[184]

4.7 Soziale Unterstützung und Mechanismen ihrer protektiven Wirkung

Wie in Kapitel „Dankbarkeit hält gesund" (vgl. S. 58) beschrieben, kann sich Dankbarkeit auf die körperliche und psychische Gesundheit positiv auswirken, unter anderem, indem sie prosoziales Verhalten fördert und soziale Bindungen stärkt.

Soziale Unterstützung ist hierbei einer der am besten dokumentierten psychosozialen Faktoren, die die körperliche Gesundheit beeinflussen.[191] Epidemiologische Studien deuten darauf hin, dass Personen mit geringer sozialer Unterstützung höhere Sterblichkeitsraten aufweisen, insbesondere durch Herz-Kreislauf- aber auch durch Krebs-Erkrankungen.[192, 193, 194] Eine aktuelle Zusammenfassung von mehreren Metaanalysen zeigte ferner, dass eine geringe soziale Unterstützung mit einem 11 bis 53 Prozent höherem Risiko für vorzeitige Sterblichkeit einhergeht.[195]

Aktuelle Metaanalysen und systematische Übersichtsarbeiten haben zudem beschrieben, dass soziale Unterstützung mit niedrigeren Entzündungsprozessen einhergeht.[196] Diese sind mit verschiedenen Krankheiten wie Krebs und erhöhter Infektionsanfälligkeit assoziiert. Des Weiteren steht soziale Unterstützung auch mit besserem Schlaf[197] und bei älteren Menschen mit verbesserten kognitiven Prozessen in Verbindung[198].

Nach einer älteren Hypothese ist soziale Unterstützung vorteilhaft für die Gesundheit und die Lebensdauer, da das Vorhandensein von sozialen Bindungen die nachteiligen Folgen einer längeren, schädigenden Aktivierung der Hypothalamus-Cortisol-Stress-Achse und des Stressnervensystems, Sympathikus, abschwächt oder beseitigt.[199, 200] Eine starke *Eltern-Kind-Stresspufferung* ist vor allem im Säuglings- und Kindesalter vorhanden, die dann in der Adoleszenz weniger effektiv wird, wenn der elterliche Schutzmechanismus zur Stressbewältigung zunächst (zusätzlich) von Freunden und im Erwachsenenalter vorwiegend von einem/einer Lebenspartner*in übernommen wird.[200]

Eine chronische Aktivierung unseres Stresssystems führt, wie bereits im Kapitel 3 (vgl. S. 59) erwähnt, zu einem kardiovaskulären und autonomen Ungleichgewicht, bei dem der sogenannte *sympathische Tonus* hoch und der *parasympathische Vagotonus* niedrig ist, ein Zustand, der mit erhöhter Krankheitslast und vorzeitiger Sterblichkeit einhergeht.[201]

Ein weiteres neuroendokrines System, das zum sozialen Stressabbau beiträgt, ist das Oxytocin-System. Oxytocin ist ein Hormon, das aus dem Hypophysenhinterlappen ausgeschüttet wird. Die seit über 100 Jahren bekannten grundlegenden Funktionen dieses aus neun Aminosäuren bestehenden Hormons sind das Auslösen der Wehen im Rahmen des Geburtsvorganges und der Milcheinschuss beim Saugvorgang. Aber Oxytocin ist auch ein *soziales* Hormon. Bei Menschen und Säugetieren ist Oxytocin immens wichtig für die Paarbindung, das Sexual- und Sozialverhalten sowie die mütterliche Fürsorge. Oxytocin wird gemeinhin auch als *Kuschelhormon* bezeichnet, weil es durch liebevolle Berührung produziert wird und uns gleichzeitig sanfter macht. Es ist zum Beispiel nachgewiesen, dass Paare, die sich häufig umarmen und gegenseitig massieren, höhere Oxytocinwerte aufweisen, als Paare, die das selten tun. Nähe und Berührungen helfen, Spannungen und Ärger in der Partnerschaft zu dämpfen. Auch steigert intranasal zugeführtes Oxytocin Empathiegefühle bei Männern.[202] Aufgrund dieser Funktionen ist eine Assoziation zwischen Oxytocin und Dankbarkeit durchaus denkbar.

In einer Studie zeigte sich z. B., dass die endogenen Oxytocinspiegel positiv mit Lebenszufriedenheit, Mitgefühl, religiöser Bindung aber auch mit dispositioneller Dankbarkeit korrelieren.[203] Letztere beschreibt eine Grundhaltung, das Positive in der Welt zu erkennen, zu schätzen und eine allgemeine Tendenz, auf das Wohlwollen anderer mit dankbaren Gefühlen zu reagieren.[6, 8, 41] Eine zehntägige Gabe von Oxytocin führte zu einer geringfügigen Erhöhung der dispositionellen Dankbarkeit bei älteren Menschen.[204]

Zusammenfassend fördert ein positives und liebevolles frühes familiäres Umfeld, das beispielsweise durch elterliche Unterstützung und wenige Konflikte geprägt ist, *positive psychosoziale Profile*. Dazu gehört das Empfinden, sich unterstützt zu fühlen, gewisse Persönlichkeitsmerkmale auszubilden, soziale Fähigkeiten zu generieren, ein gesundes Selbstwertgefühl aufzubauen und seine Gefühle in gesundem Ausmaß kontrollieren zu können.[193, 205, 206] Möglicherweise wird durch diese sichere Bindung und Geborgenheit auch mehr Oxytocin ausgeschüttet, was wiederum mehr Empathie und Dankbarkeit hervorrufen kann.

4.8 Wann ist man (besonders) dankbar?

Der österreichische Psychologe Fritz Heider (1896–1988) argumentierte, dass Menschen insbesondere dann Gefühle der Dankbarkeit empfinden, wenn sie der Überzeugung sind, dass sie einen Vorteil von jemandem erhalten haben, der ihnen absichtlich wohlgesinnt war.[207, 208]

Die wahrgenommene Intentionalität des Nutzens ist wahrscheinlich einer der wichtigsten Faktoren bei der Entstehung von Dankbarkeit nach einer erhaltenen Wohltat. Sind Wohltäter*innen Personen, die Sie glücklich sehen wollen? Oder bezwecken sie, dass Sie sich ihrer politischen Partei anschließen? Oder versuchen sie sogar, Sie in eine unterwürfige Position zu drängen, um ihre Machtgier zu befriedigen? Die Absicht von Wohltäter*innen ist absolut zentral, aber leider nicht immer eindeutig und auch nicht rechtzeitig abzuschätzen. Manchmal erkennt man selbst motivierte Intentionen zu spät. Das ist vor allem der Fall, wenn ich mein Gegenüber nicht so gut kenne und dadurch eher in die Dankbarkeitsfalle tappe.

Auch werden Begünstigte in Situationen, in denen Wohltäter*innen sie mehr oder minder offen zur Dankbarkeit verpflichten, weniger Dankbarkeit empfinden. Der Grund dafür ist, dass das Gefühl der Dankbarkeit nicht von externen Quellen gesteuert sein sollte. Wenn also mit einer Leistung auch eine Renditeerwartung verbunden ist, ist die Erfahrung, Dankbarkeit zu empfinden, geringer. Unter Umständen können daraus sogar moralische Konflikte entstehen, die zu Ärger, Wut und Verzweiflung führen.

Nehmen wir an, dass ein mächtiger Mafiaboss einem fleißigen, unbescholtenen, aber in finanziellen Schwierigkeiten geratenen Buchhalter aus seiner Misere hilft und damit verhindert, dass seine Wohnung versteigert wird und sich seine Frau von ihm trennt. Es liegt auf der Hand, dass der Buchhalter seinem Gönner dankbar sein wird, aber mit einem verständlicherweise unguten Gefühl, kriminelle Hilfe angenommen zu haben. Und nehmen wir an, dass dieser Mafiaboss ihm zu verstehen gibt: „Eines Tages – vielleicht wird dieser Tag nie kommen – werde ich Dich um einen Gefallen bitten." Liebhaber*innen von Mafiafilmen werden sich an diesen Spruch von Don Corleone in *Der Pate* erinnern. Und dann kommt wirklich irgendwann der Tag, an dem der Gefallen auf eine galante, jedoch kompromisslose, kein Nein duldende Art eingefordert wird, etwa mit der Bitte, den Boss eines anderen Klans auszuschalten. Jetzt liegt es an dem Buchhalter, die Wohltat des Mafiabosses mit einer unmoralischen Tat zu erwidern. In diesem Fall kippt die ursprüngliche, bereits damals ambivalente Dankbarkeit in Wut und Hass, aber auch Bedauern darüber, diesen teuflischen Deal mit dem Verbrecher eingegangen zu sein.

Generell lässt sich also sagen, dass die Haltung und Absicht des Gebers oder der Geberin das Wohlergehen des/der Begünstigten erheblich beeinflussen kann. Folglich hört die Ethik des Gebens nicht bei dem materiellen Gegenstand auf, sondern ist z. B. auch abhängig von intentionalen Faktoren, mit der sie vollzogen wird.[22]

Menschen sind also besonders dankbar, wenn (a) sie einen wertvollen Nutzen erhalten haben, (b) hoher Aufwand und Anstrengung für sie aufgewendet wurde, c) die Wohltat für sie absichtlich als zufällig erfolgte, und (d) der Aufwand für sie unentgeltlich war.[176, 209]

Menschen empfinden offenbar auch mehr Dankbarkeit gegenüber Wohltäter*innen, von denen sie eigentlich keine Wohltat erwarten würden. Unerwartet erhaltener Vorteil durch Dritte ruft das Gefühl hervor, dass die Aktion bewusst wohlwollend erfolgte.

Ein Beispiel wäre ein Kollege oder eine Kollegin aus einer anderen Abteilung, den/die Sie eigentlich nur einmal im Jahr bei der Weihnachtsfeier sehen und der zufällig auf dem Gang mitbekommt, dass Sie Probleme mit einer App haben und Ihnen daraufhin absichtslos seine/ihre Hilfe anbietet, obwohl er/sie genug anderes zu tun hätte. Das wäre eine Wohltat, die besonders glücklich und dankbar macht. Daher – je mehr ein Geschenk über die sozialen Erwartungen des/der Empfänger*in hinausgeht, desto wahrscheinlicher ist es, dass er oder sie Dankbarkeit erlebt.

Auch die Überzeugung der Begünstigten, dass Wohltäter*innen die Hilfeleistung gerne erwiesen und anschließend nicht bereut haben, verstärkt das Gefühl der Dankbarkeit. Damit verbunden haben Studien ergeben, dass Menschen sich verständlicherweise deutlich dankbarer fühlen, wenn sie wissen, dass ein Helfender oder eine Helfende wohlwollende Absichten hegte, als wenn ein Gefallen aufgrund von Hintergedanken erfolgt ist[210], wobei die Dankbarkeit des Empfängers oder der Empfängerin abnimmt und die Verbindlichkeiten zunehmen.

Außerdem scheint die Entscheidungsfreiheit und der freie Wille des Wohltäters oder der Wohltäterin von Bedeutung zu sein: In einer Studie berichteten die Teilnehmenden, dass sie sich dankbarer fühlten und großzügiger waren, nachdem sie Geld von einer Person erhalten hatten, von der sie glaubten, dass sie es ihnen bewusst gab, als wenn sie zufällig den gleichen Betrag erhalten hätten.[211]

Menschen, denen eine Freundlichkeit zuteilgeworden ist, werden sich in Zukunft in irgendeiner Form bei dem/der Wohltäter*in revanchieren – oder sogar einem/einer fremden Dritten eine Wohltat zukommen lassen (vgl. Reziprozität, Kapitel 4.6, S. 76ff). Darüber hinaus wird eine Person, die Dankbarkeit aufgrund einer prosozialen Handlung eines Wohltäters bzw. einer Wohltäterin empfindet, in Zukunft auch diesem/dieser nicht schaden.[212]

Auf der anderen Seite werden Wohltäter*innen, denen für ihre Bemühungen gedankt wurde, sich in Zukunft wahrscheinlich noch mehr anstrengen, anderen zu helfen. In einer Studie waren sie bereit noch mehr zu investieren als diejenigen, denen nicht gedankt wurde.[213] Das Gefühl, Dankbarkeit zu erhalten, motiviert daher Menschen zu mehr guten, glücklich machenden Taten und schlussendlich werden beide Seiten bzw. auch Dritte von diesen profitieren.

4.9 Danke oder Sorry?

Eine Dankesbekundung wird manchmal auch als Ersatz für eine Entschuldigung verwendet. Ich habe vor einigen Jahren einen Diplomanden betreut, der ungeniert immer deutlich zu spät zu unseren Besprechungen kam und sogar bei seiner Defensio keine Ausnahme machte. Was ihn dabei besonders auszeichnete, war die Tatsache, dass sein Verhalten ihm keine Entschuldigung oder andere besänftigende verbale Reaktion wert war.

Einige Menschen tun sich schwer mit Entschuldigungen. Die Neigung, sich zu entschuldigen scheint bei narzisstischen Personen und denen mit höherem Anspruchsdenken, die überzogene Erwartungen und Ansprüche an das Umfeld stellen, geringer zu sein.[214]

Statt sich zu entschuldigen, hätte es bei meinem Diplomanden aber auch ein *Danke Ihnen (sehr) fürs Warten* getan und mich milder gestimmt. Eine einfache Dankesbekundung ist auf jeden Fall besser als keine Reaktion auf die Verspätung.[215] Vielleicht wäre ein *Danke fürs Warten* sogar passender gewesen, als ein lapidares, mitunter gleichgültiges *Sorry*. Ein *Danke* ist eine Wertschätzung, bei dem sich der/die Wartende unter Umständen besser fühlt, als wenn ihm/ihr nur ein vielleicht nicht ernst gemeintes *Tschuldige* erklärt wird. Ein ehrlich empfangenes *Danke*, das als ernst gemeint wahrgenommen wird, hat in solchen Situationen grundsätzlich mehr Potenzial, Ärger zu neutralisieren als ein lieblos zugeschleudertes *Sorry*. Das *Danke* stellt mich, der in diesem Fall seine Zeit zur Verfügung gestellt hat, in den Fokus, das *Sorry* den, der zu spät gekommen ist. Im Alltag lohnt sich daher, situationsbedingt feinsinnig differenziert auf Eigenverschulden zu reagieren.

5. Dankbarkeit und Religion

Vor 5 Jahren kam mir der Glaube an die Lehre Christi – und mein Leben ward plötzlich ein anderes: ich wünschte nicht mehr, was ich bisher gewünscht, und was ich bisher nicht gewünscht, das wünschte ich jetzt. Was ich früher für gut gehalten, erschien mir schlecht, und was ich früher für schlecht gehalten, erschien mir gut. Es ging mir wie einem Menschen, der ausgeht, um eine wichtige Sache zu erledigen und plötzlich unterwegs zu der Ueberzeugung kommt, die Sache sei ganz unnütz, und – umkehrt. Und alles, was rechts war – ward links, und alles, was links war – ward rechts. Das frühere Verlangen möglichst fern vom Hause zu sein ward zum Wunsche ihm möglichst nahe zu bleiben. Die Richtung meines Lebens, meine Wünsche wurden andere, und das Böse und das Gute wechselten ihre Plätze. Alles dies geschah, weil ich Christi Lehre anders verstand, als ich sie bisher aufgefasst hatte.

Aus: Leo Tolstoi „Worin besteht mein Glaube?"[216]

Glaube kann eine Neuorientierung im Leben bewirken, wie es Leo Tolstoi in seiner philosophischen Auseinandersetzung mit der christlichen Religion beschrieben hat. Im fortgeschrittenen Alter durchlebte er eine Sinn- und Lebenskrise, die ihn zum Glauben geführt und einschneidende Veränderungen in seinem Leben bewirkt hatte.

Eine Funktion der Religion besteht darin, Menschen Mittel zur Verfügung zu stellen, durch die sie einen Sinn in ihrem Leben erfahren können.[217] Verschiedene Studien zeigen einen positiven Zusammenhang zwischen einem Sinn-im-Leben-Sehen und Religiosität.[218, 219]

Wie es Tolstoi literarisch beschrieben hat, kann religiöse Erfahrung dem Menschen die Augen für ultimative Wahrheiten öffnen und Antworten auf existenzielle Fragen wie *Warum bin ich hier?* und *Hat meine Existenz Konsequenzen? Wie soll ich mein Leben gestalten?* geben. Vor allem aber beschäftigt uns die Frage: *Was wird mit mir geschehen, nachdem ich gestorben bin, und was erwartet mich im Jenseits?*[220] Der Mensch braucht das Gefühl, dass sein Leben wichtig und erklärbar ist, und es einen Zweck oder eine Mission erfüllt. Die traditionellen monotheistischen Religionen bieten darauf eine Antwort und sind daher für Gläubige eine stabile Quelle für den Sinn des Lebens und die Zeit danach.

Religionen geben den Menschen nicht nur Ziele und Ideale mit, nach denen sie streben können, sondern auch eine Reihe von Werten und Normen, die einen Einfluss darauf haben, wie sie ihr Leben gestalten und andere behandeln.[221] Der Glaube kann die Resilienz des Menschen stärken und ihm helfen, besser mit schwierigen Lebensereignissen umzugehen.[222]

Eine brasilianische Studie mit 485 Teilnehmenden ergab z. B., dass religiöse und spirituelle Überzeugungen und Aktivitäten während der COVID-19-Pandemie mit einer verbesserten psychischen Gesundheit einhergingen, einschließlich mit weniger Ängsten und Sorgen.[223]

5. Dankbarkeit und Religion

Im Zentrum der monotheistischen Religionen steht ein Gott, der barmherzig, verzeihend und dem (gläubigen) Menschen wohlwollend gesinnt ist. Die traditionelle Lehre porträtiert ihn als den ultimativen Geber, der für seine endlosen Gaben an die Menschen nicht mehr als aufrichtigen Glauben, ein rechtschaffendes Leben und Dankbarkeit verlangt. Daher ist die Kultivierung von Dankbarkeit nicht nur eine wichtige moralische Tugend[61], sondern auch eine der häufigsten Emotionen, die gläubige Juden, Christen und Muslime empfinden.

In Kolosser 3,17 heißt es etwa: „Und alles, was ihr tut mit Worten oder mit Werken, das tut alles in dem Namen des Herrn Jesu, und danket Gott und dem Vater durch ihn."

Der Heilige Koran, der in Suren unterteilt ist, betont immer wieder die Notwendigkeit der Dankbarkeit gegenüber Gott in allem. So heißt es z. B. in Sure 14, Vers 7: „Wenn ihr (Mir) dankbar seid, werde Ich euch ganz gewiß mehr und mehr geben"; Sure 31, Vers 12 lautet: „Sei Allah dankbar – denn wer (Ihm) dankbar ist, der ist zu seinem eigenen Wohl dankbar."

Auch im Judentum stellt Dankbarkeit eines der Hauptprinzipien dar. Das Gebot „Du sollst nicht begehren" kann als Lektion in Dankbarkeit gesehen werden. Wenn ein Mensch dankbar ist, wird er den Besitz eines anderen nicht begehren.

Der Philosoph Søren Kierkegaard schlug vor, dass durch Dankbarkeit zu Gott und anderen ein Selbstbewusstsein geschaffen wird, dass das eigene Wesen ausmacht.[224]

Erfahrungen und Dankbarkeitsbekundungen formen somit die Identität, die das Menschsein als solches determiniert.

Dankbarkeit wird nicht selten mit einem höheren Maß an Religiosität assoziiert[47,] und Religiosität wiederum mit höherer Prosozialität. Für viele Weltreligionen steht unterstützende Gegenseitigkeit im Mittelpunkt, beispielsweise heißt es im Matthäus 7,12: „Alles, was ihr also von anderen erwartet, das tut auch ihnen! Darin besteht das Gesetz und die

Propheten."²²⁵ Religionen geben dabei generell den Menschen die Möglichkeit, soziale Rollen zu übernehmen und sinnvolle soziale Bindungen aufzubauen, da Religiosität häufig die Mitgliedschaft in einer Gemeinschaft von Gläubigen beinhaltet. Dabei kann die Teilnahme an einer organisierten Religion die dankbare Haltung vor allem durch soziale Unterstützung verbessern. Viele Kirchen bieten zum Beispiel eine Reihe von Treffen an, die dazu beitragen, soziale Bindungen aufzubauen und eine positive spirituelle Ausrichtung zu fördern. Die Forschung zeigt, dass die spirituelle Unterstützung durch andere das Wohlbefinden von Kirchenmitgliedern steigern kann, und dass positive Gefühle durch soziale Beziehungen Dankbarkeit hervorrufen.²²⁶, ²²⁷

Dankbarkeit und soziales Verhalten bilden wie bereits im Kapitel 4.6 (vgl. S. 76ff) erwähnt, eine in beide Richtungen gehende Wechselbeziehung – freundliches, soziales Verhalten ruft Dankbarkeit hervor, und durch das Ausdrücken ehrlicher Dankbarkeit werden soziale Interaktionen gestärkt.

Weiterhin ergab eine US-amerikanische Längsschnittstudie bei 818 älteren Erwachsenen die folgenden Ergebnisse:
1) Anhaltende finanzielle Schwierigkeiten bei weniger dankbaren älteren Menschen waren eher mit depressiven Symptomen verbunden im Vergleich zu eher dankbaren Senior*innen, und
2) ältere Erwachsene, die häufiger in die Kirche gingen und daran glaubten, dass Gott den Menschen hilft, ihre Schwierigkeiten zu überwinden, empfanden im Laufe der Zeit eine größere Zunahme der Dankbarkeit.²²⁸

Auch in einer anderen Untersuchung bei 199 Erwachsenen mit einer neuromuskulären Erkrankung wurde beschrieben, dass Personen, die mehr religiöse Texte lasen, beteten, religiösen Aktivitäten nachgingen und eine Nähe zu Gott kultivierten, dankbarer waren.²²⁹

5. Dankbarkeit und Religion

Spiritualität schafft ein zunehmendes Bewusstsein für Dankbarkeitsgefühle, und die private Hingabe an Gott ist eine zentrale Dimension der Religion, die Dankbarkeit aufleben lässt.

Auch mehrere Studien mit Studierenden konnten zeigen, dass die Häufigkeit der Gebete und Dankbarkeit positiv miteinander korrelieren.[230] Studenten und Studentinnen, die instruiert wurden, entweder allgemein oder speziell für ihren Partner zu beten, berichteten am Ende von vier Wochen über ein höheres Maß an Dankbarkeit im Vergleich zu Befragten, die über tägliche Aktivitäten nachdachten oder nur allgemein positiv über ihren Partner reflektierten.[230]

Außerdem war Dankbarkeit gegenüber dem Leben und Gott in einer großen Kohorte mit über 2600 Teilnehmenden in einer Zwillingsstudie mit einem geringeren Risiko für Depressionen, Angststörungen, Phobien, Alkohol- und Nikotinabhängigkeiten assoziiert.[231] Religion kann ferner Menschen helfen, Dankbarkeit auch angesichts emotionaler Belastungen aufrechtzuerhalten.[232] Mögliche Mechanismen hierfür sind die soziale Unterstützung, die religiösem Engagement innewohnt, der Akt des Gebets, der Dankbarkeit hervorrufen kann, und die direkten Vorteile, die sich aus religiösen Bewältigungsstrategien ergeben können, wie z. B. negative Lebensereignisse als Lektionen oder als Gelegenheiten zu sehen, eine stärkere Verbindung zu Gott herzustellen.[61]

Das Gefühl von Dankbarkeit gegenüber Gott kann ferner in späteren Lebensjahren die negativen Auswirkungen von Stress auf die Gesundheit verringern.[233] Dankbarkeit gegenüber Gott wirkt daher wie ein Puffer, und Stressoren sind möglicherweise leichter zu bewältigen, wenn man Gott gegenüber dankbarer ist.

Religiosität ist nicht gleich Religiosität. Es besteht ein Unterschied zwischen einer intrinsischen Auseinandersetzung mit der Religion, die um ihrer selbst willen fest verinnerlicht, vorurteilsfrei und tolerant erfolgt, und religiösen Aktivitäten wie den sonntäglichen Kirchenbesuchen, die aus anderen Motiven, wie einem verbesserten sozialen Status heraus erfolgen. Erstere Form ist intrinsisch behaftet, während die zweite extrinsisch geprägt ist.

Nach Allport und Ross „benutzt" die extrinsisch motivierte Person ihre Religion, während die intrinsisch motivierte Person ihre Religion „lebt".[234] Eine intrinsisch religiöse Orientierung stellt einen „sinnstiftenden Rahmen dar, unter dem das gesamte Leben verstanden wird", sie weist eine kosmische Bedeutung auf und bringt oft eine Verpflichtung des eigenen Lebens gegenüber Gott oder einer höheren Macht mit sich.[235]

Dankbarkeit und Religiosität erhöhen das Wohlbefinden, jedoch ist es wahrscheinlich nur der intrinsische Aspekt der Religiosität und weniger der extrinsische, der mit aufrichtiger, tiefer Dankbarkeit assoziiert ist, zu mehr Wohlbefinden führt und möglicherweise auch vor depressiver Verstimmung schützt, wie es einige Studien gezeigt haben.[36, 235–237]

In diesem Zusammenhang wurde in einer portugiesischen Studie mit Studenten und Studentinnen z. B. gezeigt, dass gläubige Teilnehmende mehr Bereitschaft aufwiesen zu vergeben als diejenigen, die nicht an Gott glaubten. Jedoch war der Kirchenbesuch alleine nicht mit Vergebung assoziiert.[148]

Außerdem beschrieben verschiedene Untersuchungen einen negativen Zusammenhang zwischen einer intrinsischen religiösen Orientierung und der Angst vor dem Tod (vgl. auch Kapitel 5.2, S. 93ff).[235, 238] Intrinsisch motivierte religiöse Menschen haben möglicherweise weniger Angst vor dem Tod, weil sie glauben könnten, dass sie für ihr religiöses Verhalten im Jenseits belohnt werden.

Zusammenfassend sind Religiosität und Dankbarkeit eng ineinander verflochten und eine sich verstärkende Quelle für nachhaltiges, stabiles Wohlbefinden.

5.1 Religiöse vs. allgemeine Dankbarkeit

Eine wichtige Frage die sich in diesem Kapitel aufdrängt, ist, ob religiöse Dankbarkeit (Dankbarkeit gegenüber Gott) stärker mit dem Wohlbefinden assoziiert ist als allgemeine Dankbarkeit. In einer heterogenen Stichprobe von 405 US-Amerikaner*innen zeigte sich in Übereinstimmung mit früheren Untersuchungen, dass Dankbarkeit positiv mit Religiosität korreliert ist, sei es der Gottesglaube oder die allgemeine Bedeutung der Religion für einen selbst.[239] Außerdem war in dieser Studie das subjektive Wohlbefinden, wie Glück und Freude oder Lebenszufriedenheit, bei Teilnehmenden der religiösen im Vergleich zur säkularen Dankbarkeitsgruppe höher.

Andere Untersuchungen, wie z. B. bei Studenten und Studentinnen aus dem Iran und Polen, zeigten jedoch, dass nicht religiöse Dankbarkeit eine stärkere Beziehung mit psychischer Gesundheit, Glück, Lebenszufriedenheit, positiven Emotionen und den Big-Five-Faktoren der Persönlichkeitsbeschreibung (Offenheit für Erfahrungen, Gewissenhaftigkeit, Extraversion, Verträglichkeit, Neurotizismus) aufweist als religiöse Dankbarkeit zu Gott, welche jedoch ebenfalls positiv mit Wohlbefinden korreliert war.[240] Weitere Studien lassen vermuten, dass religiöse Dankbarkeit, im Vergleich zu dispositioneller Dankbarkeit eine zwar positive, aber doch ein wenig geringere Auswirkung auf die psychische Gesundheit zeigt.[241] Nichtsdestotrotz ist der Zweck der religiösen Dankbarkeit nicht primär die Steigerung des Wohlbefindens, obwohl sie zweifelsohne auch dazu beiträgt, sondern sie folgt einem übergeordneten, tieferen Sinn.

Ein großer Fehler im menschlichen Glauben ist es, Gott nur dann Dankbarkeit zu erweisen, wenn die Dinge gut laufen und in Zeiten der Not undankbar oder zornig zu werden. Auf dem Sterbebett ist es definitiv zu spät für Reue und Dankbarkeit. Seine gesamte, heilende

Kraft weist religiöse Dankbarkeit in der Seelennot auf, in Zeiten der Verzweiflung und Hoffnungslosigkeit, in denen sie eine Rettungsweste bietet, um nicht unterzugehen.

5.2 Dankbarkeit und die Angst vor dem Tod

Das Bewusstsein um die Unvermeidbarkeit des Todes und die Ungewissheit darüber, was danach kommen wird, kann einen Zustand der Angst kreieren, *die Angst vor dem Tod* (im Englischen *death anxiety*). Diese negative psychologische Reaktion auf die Aussicht auf den Tod [242, 243] ist ein häufiges Phänomen, das vor allem im Alter nicht wenige Menschen plagt. Sie steht auch im Zusammenhang mit der Unfähigkeit, die Sterblichkeit zu akzeptieren. Die Angst vor dem *Nicht-mehr-Sein* gehört zur Gruppe der Phobien, die auch die Angst über das, was nach dem Tod kommt und das Leiden beim Sterben einschließt.[244] Sie ist außerdem mit der Angst verbunden, aus der Welt zu scheiden, ohne das Leben wirklich gelebt zu haben.[245] Studien haben ergeben, dass die Angst vor dem Tod mit psychischer Belastung und Depression einhergehen kann.[246, 247]

In einer Übersichtsarbeit wurde beschrieben, dass das Gefühl, ein gut gelebtes Leben zu führen bzw. geführt zu haben, das sich in Lebenszufriedenheit und Sinnhaftigkeit äußert bzw. geäußert hat, mit einer geringeren Angst vor dem Tod assoziiert wird.[248] Außerdem korreliert die Angst vor dem Tod negativ mit dem Selbstwertgefühl und der kulturellen Weltanschauung.[249, 250]

Spätestens am Ende des Lebens ziehen viele Bilanz – was war gut, was weniger? Was hätte ich besser machen können, was habe ich verpasst? Es sind viele Fragen, die einen beschäftigen und die in uns sowohl Zustimmung und Zufriedenheit aber auch Bedauern und Wehmut hervorrufen können.

5. Dankbarkeit und Religion

Anlehnend an die Thesen des Psychoanalytikers Erik H. Erikson (1902–1994) blickt man daher mit einer Mischung aus Akzeptanz und Ablehnung auf das Leben zurück. Diese letzte Stufe der psychosozialen Entwicklung, die sogenannte *Ich-Integrität*, ist zu einem großen Teil bestimmt durch das Erkennen des eigenen Lebens als etwas, das gut und lebenswert war. Sie stellt ein Gegengewicht zu Verzweiflung und der Angst vor dem Tod dar und ist im idealen Fall geprägt durch das durchdringende, ewige Gefühl der Dankbarkeit für sein Leben und bei religiösen Menschen, Gott gegenüber, der es ermöglicht hat.

Furer und Walker[244] beschrieben eine 43-jährige Frau, die sich trotz fehlender unmittelbarer Bedrohung ihrer Gesundheit so sehr mit der Möglichkeit eines Todes befasste, dass sie kein Testament schreiben, keine eigenen Geburtstage feiern, nicht zu Beerdigungen gehen oder Fotoalben der Familie ansehen konnte, die sie an das Altern und die Sterblichkeit erinnerten. Ihre Angst vor dem Tod nahm ihre Lebensfreude und beeinträchtigte sogar erheblich die Zufriedenheit ihre Familienmitglieder. Das Beispiel zeigt, dass die Angst vor dem Tod die Lebensqualität deutlich reduzieren und sogar zu Kollateralschäden im nächsten Umfeld führen kann.

Nach der *Terror-Management-Theorie*[250] kann diese lähmende Angst und der paralysierende „Terror" durch zwei Bewältigungsmechanismen (im Englischen *coping*) günstig beeinflusst werden:
 (1) Die Annahme einer kulturellen Weltanschauung, eines sozial konstruierten Sinnsystems, welches ein Gefühl von weltlicher (z. B. durch Taten für die Zukunft der Gesellschaft) oder übernatürlicher (z. B. Glaube an den *Himmel* und dem Leben nach dem Tod) Unsterblichkeit schafft, und
 (2) durch die Bemühung, den Standards und Werten dieser Weltanschauung gerecht zu werden, die sich im Selbstwertgefühl und der Selbstachtung widerspiegelt.[251]

Indem der Mensch spürt, ein wertvoller Teil eines Ganzen zu sein, kann er symbolisch die Realität der Endlichkeit transzendieren. Vertrauen auf kulturelle Weltanschauungen[252] und ein gutes Selbstwertgefühl[253] wie das Wissen, dass das Leben trotz der unausweichlichen Realität des Todes von Bedeutung ist, kann helfen, die Angst vor dem Tod zu überwinden.

Die gedankliche Auseinandersetzung mit dem Tod kann jedoch auch Gefühle der Dankbarkeit für das eigene Leben hervorrufen, wie eine Studie von Frias et al. gezeigt hat.[35] Dabei stellten sich die Versuchspersonen beim sogenannten „Todes-Reflexions-Szenario" vor, dass sie mitten in der Nacht in der Wohnung eines Freundes im 20. Stock eines alten Gebäudes in der Innenstadt aufwachen, Schreie hören und Rauchgeruch wahrnehmen. Das Szenario beschrieb dabei die vergeblichen Versuche der Teilnehmenden, aus dem Zimmer und dem brennenden Gebäude zu entkommen. Danach wurden sie nach den Gedanken und Emotionen, die sie empfunden hatten, als sie sich das Szenario vorstellten, gefragt. Sie sollten auch beschreiben, wie sie mit den letzten Momenten ihres Lebens umgehen würden, wie sie bis zu diesem Zeitpunkt ihr Leben geführt hatten, aber auch wie ihre Familie auf ihren Tod reagieren würde. In einem anderen Szenario sollten die Teilnehmenden möglichst detailliert die Gedanken, Gefühle und Emotionen beschreiben, die sie empfinden, wenn sie an ihren eigenen Tod denken. Außerdem gab es noch eine neutrale Kontrollbedingung. Dabei zeigte die Analyse der Daten, dass das Auslösen der Todesreflexion den größten Anstieg von Dankbarkeit hervorrief, gefolgt von den Gedanken an den Tod.

Auch umgekehrt können Dankbarkeitsinterventionen die Angst vor dem Tod reduzieren, wie eine Untersuchung von Rosanna W. Lau et al. zeigen konnte.[243] In dieser wurden 83 Chinesen und Chinesinnen in drei Gruppen aufgeteilt, die Dankbarkeitsgruppe, die Dankbarkeit hervorrufende Ereignisse zu Papier brachte, die zweite Gruppe schrieb ärgerliche Ereignisse auf und die dritte, neutrale Gruppe, wichtige Lebensereignisse. Nach der Intervention zeigte die Dankbarkeitsgruppe signifikant niedrigere Werte für Angst vor dem Tod verglichen mit den anderen beiden Gruppen.

Das Gefühl von Dankbarkeit war im Herbst 2001 nach den Ereignissen von 9/11 bei Studenten und Studentinnen ausgeprägter als in den Herbstquartalen der vorangegangenen zwei Jahre.[254] Ein möglicher Mechanismus für diesen beobachteten Anstieg der Dankbarkeit könnte darin begründet sein, dass die Ereignisse von 9/11 das Bewusstsein für die eigene Sterblichkeit geschärft haben, was die Wertschätzung für das eigene Leben erhöhte.[254]

Auch der theoretische Gedanke an das Fehlen eines positiven Ereignisses in der eigenen Vergangenheit könnte laut einer Studie Dankbarkeit und Wertschätzung für das Jetzt erhöhen.[255] Wenn man demnach mit der Möglichkeit konfrontiert wird, dass etwas in der Vergangenheit nicht existiert hätte, man z. B. den Partner nie kennengelernt hätte, könnte das Dankbarkeit für das Existierende schaffen. Dieser Gedankengang wird in dem Film „Ist das Leben nicht schön?" (Capra 1946) thematisiert. Ein Engel namens Clarence Odbody nimmt einen suizidalen Mann namens George Bailey mit auf eine Reise durch die Welt, wie sie gewesen wäre, wenn George nie geboren worden wäre. George realisiert, was seine Existenz alles Gutes auch im Leben seiner Familie bewirkt hat, er gewinnt Selbstvertrauen und lernt, wie kostbar die guten Dinge in seinem Leben sind.

Eine interessante Überlegung. Man sagt ja auch: *Sei dankbar für das, was du hast*. In einer schlechten Phase der Partnerschaft könnte daher dieses Gedankenspiel unter Umständen helfen, einander wieder näherzukommen.

Wie auch der englische Schriftsteller Gilbert Keith Chesterton (1874–1986) in seiner Abhandlung „Heretics" vorschlug, kann der

Gedanke an eine Nichtexistenz die Freude an den alltäglichen, guten Dingen erhöhen. In Chestertons Worten (frei übersetzt): „Der Mensch, der nichts erwartet, sieht rotere Rosen, als gewöhnliche Menschen sehen können und grüneres Gras und eine strahlendere Sonne."[256]

Auf der anderen Seite können unerfüllte Wünsche und Erwartungen das Potenzial, Dankbarkeit zu empfinden, dämpfen, sei es durch ein jahrelanges Hoffen auf eine in Aussicht gestellte Beförderung, ein verzweifeltes Warten auf eine versöhnende Nachricht oder auch ein ewiger, brennender Wunsch auf ein *Ich liebe dich*. Unerfülltes entzieht uns die Zuversicht und schwächt uns zunehmend über Tage, Wochen und manchmal sogar Jahre.

6.
Dankbarkeit und Demut

Wir unterschätzen das, was wir haben,
und überschätzen das, was wir sind.
                    Marie von Ebner-Eschenbach (1830–1916)

Die heutige Gesellschaft ist auf Karriere, Selbstständigkeit und stetiges Eigeninteresse aufgebaut. Demut scheint im Alltag kaum mehr gegeben zu sein[257], und in der medien- und erfolgszentrierten Welt kommt Demut ohnehin nicht so gut an. Es ist die laute, selbstsichere Zurschaustellung, die Beifall hervorruft, nicht die leise, zurückhaltende Art; es gilt der Einsatz des Ellenbogens nicht der Fingerspitzen.

Demut wird als ein hypo-egoistischer Zustand definiert, der mit einem verminderten Selbst- und einem verstärkten Fremdfokus einhergeht.[258] Ein demütiger Mensch erhebt sich daher nicht über andere, und es geht ihm nicht darum, sein Eigeninteresse zu maximieren, sondern das Eigeninteresse mit dem Fremdinteresse in Balance zu bringen.

Demut ist ferner durch ein adäquates Selbstkonzept geprägt – dieses umfasst die Gesamtheit aller Empfindungen und Erkenntnisse über die eigene Person wie Selbsteinschätzung und Selbstwertgefühl

6. Dankbarkeit und Demut

und beantwortet die Frage: *Wer bin ich.* Dabei sind ein ausgewogenes Bewusstsein für die eigenen Stärken und Schwächen sowie Respekt vor dem Wert anderer, anstatt Arroganz, bestimmend für Demut.[259–261]

Der Mensch ist fehlbar. Ein demütiger Mensch gesteht sich diese Fehlbarkeit ein und kann sich adäquat selbst einschätzen[262], sodass er sein Verhalten dementsprechend anpassen kann. Der Demütige ist unvoreingenommen und sich bewusst, dass er und alle Menschen gleichwertig sind. Er erhebt sich daher nicht über andere, geht wertschätzend und respektvoll mit seinem Umfeld um und bildet sich auf seine Taten und Erfolge nichts ein.[263]

Ebenso hat ein gläubiger Mensch möglicherweise erkannt, dass seine Erfolge auch von oben ermöglicht wurden. Diese Erkenntnis schützt vor Hochmut und hochmütigem Stolz.

Demut bildet zudem einen Schutzschild vor destruktivem Neid. Und Demut kann auch ansteckend sein. Einen demütigen Menschen aus der Nähe zu erleben, kann inspirieren, gewisse positive Eigenschaften wertzuschätzen und in sein Leben zu integrieren.[263] Demut wird ferner mit verschiedenen prosozialen Eigenschaften wie Hilfsbereitschaft oder Kooperationsfähigkeit in Verbindung gebracht.[259]

Ein demütiger Geist ist der Boden, aus dem Dankbarkeit naturgemäß wächst, und mehrere Studien haben diesbezüglich eine positive Beziehung zwischen Demut und Dankbarkeit beschrieben.[263] Dankbarkeit und Demut können sich gegenseitig verstärken und eine aktivierende Aufwärtsspirale erzeugen.[258] Mit anderen Worten: Demut kann Dankbarkeit fördern, die ihrerseits Demut fördert.

Wodurch aber kann Demut zu mehr Dankbarkeit verhelfen? Demut reduziert beispielsweise unrealistische Erwartungen. Demütige Menschen sehen sich nicht als überlegen an. Sie freuen sich mehr über Geschenke von anderen, da sie diese nicht erwarten. Sie sind dankbar über die kleinen Dinge des Lebens und sind im Vergleich zu anderen möglicherweise gewöhnungsresistenter, brauchen nicht immer mehr und mehr, um ihr Depot an Dankbarkeit aufzufüllen.

In den klassischen monotheistischen Religionen ist Demut ein zentraler Bestandteil und stellt eine Verbindung zwischen Gott und Mensch her. Jesus hat z. B. gesagt: „Denn wer sich selbst erhöht, der wird erniedrigt werden; und wer sich selbst erniedrigt, der wird erhöht werden." (Lukas 18, 14).

Im heiligen Koran, Sure 31, Vers 18 steht: … „Und wandle nicht überheblich auf Erden: denn siehe Allah liebt keinen, der aus Eigendünkel auf prahlerische Weise handelt" oder Vers 19: „… senke deine Stimme: denn siehe, die scheußlichste aller Stimmen ist die (laute) Stimme der Esel."

Ein demütiger Mensch muss anderen nicht imponieren und sich ständig Bewunderung erhaschen, um dann irgendwann mit einem großen Grabstein auf dem Friedhof zu liegen. Gott ist der Grabstein völlig egal, die Zeit davor allerdings nicht.

Demütige Menschen begegnen schwierigen Situationen auch mit Humor oder Selbstironie. Sie ist ein Schutzfaktor vor der eigenen Überheblichkeit und kann in schwierigen Zeiten trösten.

Demut wird zwar häufig mit Religiosität, Gottesunterwerfung und -liebe assoziiert, aber gleichermaßen können auch nicht religiöse Menschen demütig sein. Heutzutage wird abseits von der religiösen Verknüpfung Demut daher auch als eine moralische Tugend angesehen.

Bescheidenheit wird oft synonym zu Demut verwendet. Grundsätzlich *kann* ein bescheidener Mensch auch demütig sein, wohingegen ein demütiger Mensch *immer* auch bescheiden ist. Auch ein bescheidener Mensch hält sich selbst eher im Hintergrund. Die Motivation dafür kann aufrichtige Demut aber andererseits auch Unsicherheit, ein offensichtliches oder verstecktes Eigeninteresse oder auch Unechtheit bzw. Heuchelei sein. Ein Beispiel für einen heuchlerischen, falschen

6. Dankbarkeit und Demut

Charakter ist der Schreiber Uriah Heep im Roman *David Copperfield* von Charles Dickens, der eine „kriecherische Höflichkeit" an den Tag legt. Ein demütiger Mensch würde niemals heucheln, und er würde sein Ego immer dem anderen Ego unterwerfen.

Großmut und (übertriebener) Stolz sind die unvereinbaren Feinde von Demut und Dankbarkeit. Nicht umsonst hat Aristoteles Dankbarkeit nicht in seine Liste der Tugenden aufgenommen. Großmütige Menschen, stolz auf ihre Selbstgenügsamkeit, sind nicht auf andere angewiesen und finden es daher erniedrigend, in der Schuld von jemandem zu stehen und damit dankbar zu sein. Aristoteles sah daher Dankbarkeit als etwas an, das von den eigentlichen, *wesentlichen* Dingen ablenkte.

Erstrebenswerte Eigenschaften für Aristoteles sind Großzügigkeit und Edelmut (*megalopsychos*), eine Person der Ehre und des Ruhms, sollte in keiner Weise in Abhängigkeiten stehen. In seinem bekannten Werk *Nikomachische Ethik* steht geschrieben: „Er (der Hochgesinnte, Anm.) vermag wohl zu tun, scheut sich aber, Wohltaten zu empfangen. Denn jenes ist dem Höheren, dieses dem Niederen angemessen. Er erwidert die Wohltaten durch größere, so daß der Spender der ersten Wohltat ihm verpflichtet wird und den Vorteil hat."[264]

Auf der anderen Seite jedoch geht aus Aristoteles' Abhandlungen hervor, dass er Dankbarkeit schätzte. In seiner Schrift *Rhetorik* steht z. B. „… dass man dem Wohltäter dankbar ist, einem Wohltäter die gute Tat durch eine gute Tat vergilt, den Freunden gegenüber hilfsbereit ist und dergleichen mehr …"[265] Außerdem kritisiert Aristoteles Undankbarkeit: „Weiterhin zürnen wir denen, die gegen solche geringschätzig sind, für die nicht einzutreten für uns beschämend wäre, wie Eltern, Kinder, Frauen und Untergebene, ferner denen, die undankbar sind …"[265]

Um Dankbarkeit erfahren zu können, müssen Begünstigte sich öffnen und in der Lage sein, Dankbarkeit zuzulassen. Personen, die Schwierigkeiten haben, eine Wohltat anzunehmen, sei es aus einem Gefühl der

Erniedrigung oder dem Wunsch, nicht von anderen abhängig zu sein, werden Dankbarkeit möglicherweise nicht in dem Maße schätzen wie jene, die dazu bereit sind. Vor allem Individuen, denen ihre Autonomie sehr wichtig ist, und die sich nicht von anderen abhängig machen wollen, werden es schwerer haben, Dankbarkeit als etwas Positives zu empfinden.[266]

Mit Demut werden jedoch auch negative Eigenschaften assoziiert, wie beispielsweise die oben erwähnte Heuchelei. Nicht reflektierte Demut kann manchmal auch in Unterwürfigkeit resultieren, aber auch in pathologischer Selbstverneinung. Nietzsche hat wenig von Demut gehalten und sie auch ein wenig in die Kategorie der Feigheit eingeordnet „Der getretene Wurm krümmt sich. So ist es klug. Er verringert damit die Wahrscheinlichkeit, von Neuem getreten zu werden. In der Sprache der Moral: Demuth."[267]

Ein wahrhaftig demütiger Mensch würde sich jedoch niemals aus Feigheit oder Angst anderen unterordnen. Es ist das Gegenteil der Fall, er lässt sich nicht „krümmen", wie es Nietzsche formuliert hat. Sein Vertrauen in die Menschen und gegebenenfalls in das Göttliche, seine Furchtlosigkeit vor Erniedrigung und sein hohes Selbstwertgefühl schützen ihn vor einer unterwürfigen Haltung.

7. Neid und Dankbarkeit

*‚Spieglein, Spieglein an der Wand, wer ist
die Schönste im ganzen Land?', und der Spiegel
antwortet ‚Frau Königin, Ihr seid die Schönste hier,
aber Schneewittchen ist tausendmal schöner als Ihr'.
Da erschrak die Königin und ward gelb und grün
vor Neid. Von nun an, kehrte sich ihr das Herz im Leibe
herum, wenn sie Schneewittchen erblickte, so hasste
sie das Mädchen.*[268]

Eines der bekanntesten Märchen der Weltliteratur zeigt auf meisterhafte Weise die Emotionen, die mit Neid einhergehen, und die Konsequenzen, die daraus entstehen könnten.

Neid ist ein unangenehmes Gefühl, das sich in Form von Minderwertigkeitsgefühlen, Feindseligkeit, Groll und unmoralischem Verhalten äußert.[269-271] Neid ist auch eine Unzufriedenheit mit sich selbst und eine Form der Selbstentfremdung und des Selbsthasses und geht unter Umständen auch mit psychischen Symptomen einher.[272] Neid macht schlichtweg unglücklich wie Schopenhauer in seinen Aphorismen beschrieben hat: „Neid ist dem Menschen natürlich: dennoch ist er ein Laster und Unglück zugleich. […] Wir sollen daher ihn als den Feind unseres Glückes betrachten und als einen bösen Dämon zu ersticken suchen."[273]

Neid wird insbesondere beim sozialen Vergleich mit vermeintlich höhergestellten Personen ausgelöst[274], aber nicht nur in einer Art, wie das Beispiel von Schneewittchen zeigt.

Wenn eine Person Neid gegenüber dem Besitz anderer hegt, sei es materiell, körperlich oder geistig, fokussiert sie ihre Aufmerksamkeit auf das, was ihr fehlt. Dies lenkt sie davon ab, sich auf die Güter zu konzentrieren, die sie besitzt, sodass sie weniger Dankbarkeit empfinden kann. Um dankbar sein können, muss sie zuerst das Gute im eigenen Leben erkennen, das ihr hilft, negative Emotionen zu unterdrücken oder gar nicht aufkommen zu lassen. Dankbarkeit wird daher durch Neid gedämpft, und umgekehrt vermindert Dankbarkeit Neidgefühle und reduziert neidvolle Episoden im Leben.

Neid ist demzufolge in gewisser Weise ein Gegenteil von Dankbarkeit. Mehrere Studien haben einen signifikant negativen Zusammenhang zwischen Dankbarkeit und Neid beschrieben[8, 270, 275], wobei ein höheres Maß an Dankbarkeit mit einer geringeren Ausprägung von Neid verbunden war. Der Grund dafür kann mit den unterschiedlichen emotionalen Komponenten zwischen diesen beiden Gefühlen zu tun haben. Dispositioneller Neid, als eine Art komplexer negativer Emotion, die durch Groll, Minderwertigkeit und Frustration charakterisiert ist, entsteht, wenn das Selbst erkennt, dass es ihm an etwas Überlegenem, sei es Leistung oder Besitz, mangelt[269, 276], wohingegen ein dankbarer Mensch die Dinge und Fähigkeiten schätzt, die er besitzt.

McCullough et al. haben z. B. beschrieben, dass dankbare Menschen sich nicht auf den Erwerb und den Erhalt von Besitz und Reichtum konzentrieren; stattdessen richten sie ihr Augenmerk auf den Genuss und die Wertschätzung positiver Erfahrungen und erreichter Ziele.[8]

Neueren Ansätzen zufolge kann Neid auch als explizit bösartig (*malicious*), aber andererseits auch als gutartig (*benign*) eingestuft werden.[276, 277] Diese Klassifizierung basiert auf der Kognition und Motivationsfunktion des Neides. Beispielsweise löst gutartiger Neid eine individuelle, selbstverbessernde Motivation aus. Bösartiger Neid wird hingegen mit dem Ziel assoziiert, den Erfolg anderer zu schmälern. Möglicherweise wird Neid auch mit Verleumdung oder sogar Rache an anderen in Verbindung gebracht.[278] Wenn eine Person zu gutartigem Neid neigt, richtet sie ihren Fokus eher auf die positiven Aspekte, die sie weiterbringen, wohingegen bösartiger Neid sich destruktiv äußert.

Es ist auch denkbar, dass Menschen, die zu bösartigem Neid tendieren, aufgrund ihrer feindseligen Einstellungen und Verhaltensweisen nicht in den Genuss der Vorteile sozialer Unterstützung kommen [279, 280], während Dankbarkeit bekanntermaßen positiv mit sozialem Beistand verbunden ist (vgl. hierzu auch Dankbarkeit und prosoziales Verhalten S. 58 sowie S. 76ff).[281,144] Menschen mit einem höheren Maß an Dankbarkeit erhalten eher soziale Unterstützung von anderen, sei es von der Familie, von Freunden oder sogar von Fremden[281], was sich positiv auf die psychische Gesundheit auswirken kann. Im Gegensatz dazu können diejenigen mit geringerer sozialer Unterstützung negative Emotionen wie depressive Symptome entwickeln.[282]

Wie könnte man Neidgefühle und die dadurch ausgelöste innere Unzufriedenheit reduzieren?

Schopenhauer schreibt dazu in seinen Aphorismen „[…] denke auch an die, denen es schlechter geht: also wir sollen öfter die betrachten, welche schlimmer daran sind […]".[273] Insbesondere in schwierigen Zeiten kann es tatsächlich hilfreich sein, mit Menschen zu reden, denen es genauso schlecht oder sogar schlechter geht, um Neidgefühle zu reduzieren. Der Austausch mit denen, die über den Erfolg ihrer begabten Kinder, ihre neuen E-Schlitten oder die unerwartete Beförderung und Geldspritze prahlen, tut einfach nicht gut, wenn man selbst k.o. am Boden liegt.

Auch stolz sein auf das, was man im Leben geleistet hat, kann helfen. Jeder kann auf etwas stolz sein, selbst auf Dinge, die man oft als selbstverständlich erachtet, wie eine abgeschlossene Ausbildung oder auch gewisse positive Charaktereigenschaften, denen man sich vielleicht gar nicht bewusst ist. Böswilligen in gutartigen Neid umzupolen, wäre außerdem eine Option, nicht nur, um seine Zufriedenheit zu steigern, sondern um sich vielleicht produktive Ziele zu setzen und das beneidete Objekt zu erlangen.

Schließlich wäre, fußend auf wissenschaftlichen Erkenntnissen, das tägliche Üben von Dankbarkeit für die kleinen, aber auch größeren Dinge des Lebens eine Möglichkeit, Neidgefühle zu vermindern.

8.
Materialismus und Dankbarkeit

Am häufigsten ist der Mensch neidisch auf die materiellen Güter anderer, daher gehen Neid und Materialismus meist Hand in Hand.

Im antiken Griechenland differenzierte die Philosophie zwischen Idealismus und Materialismus. Der philosophische Materialismus besagt, dass die Materie, insbesondere die Natur, das Denken und den Geist hervorruft, nicht umgekehrt. Auf höchster Ebene stellt also das Denken ein Produkt der Materie dar. Der Idealismus hingegen vertritt das Gegenteil, nämlich dass der Geist die Welt (Materie) erschafft. Hierbei ist der Glaube an etwas Übernatürliches eingeschlossen.

Unsere heutige Zeit ist maßgeblich von Profit- und Machtstreben und der Akkumulation von Gütern geprägt. Materialismus kann daher als ein Lebensstil betrachtet werden, der auf dem Erwerb und der Anhäufung von Konsumgütern basiert, die über die Befriedigung der Grundbedürfnisse hinausgeht. Dieser Lebensstil beinhaltet die Überzeugung, dass es von Bedeutung ist, finanziellen Erfolg, schöne Besitztümer, ein bestimmtes Image und einen hohen sozialen Status zu erlangen.[203]

Der moderne Konsument könnte, wie Erich Fromm es in seinem Klassiker „Haben oder Sein" auf den Punkt gebracht hat, mit der Formel beschrieben werden: *Ich bin, was ich habe und was ich konsumiere.*[284]

Humanistische und existenziell ausgerichtete Wissenschaftler erkennen an, dass materieller Besitz notwendig ist, um grundlegende körperliche und psychische Bedürfnisse zu befriedigen. Jedoch unterstreichen sie auch, dass ein primärer Fokus auf Besitz und Reichtum letztendlich die Suche nach Glück und geistiger Erfüllung untergräbt.[283] Materialismus kann einen Wertekonflikt zwischen Individualismus und Kollektivismus hervorrufen, der innere Spannung erzeugt und dadurch das subjektive Wohlbefinden beeinträchtigen kann.[285]

Kasser und Ryan[286, 287] haben diesbezüglich in einer Reihe von Studien gezeigt, dass Menschen, deren Ziele stark auf finanziellen Erfolg, Attraktivität und Popularität abzielen, ein relativ niedriges Maß an Wohlbefinden und Lebenszufriedenheit aufweisen. Im Gegensatz dazu zeigen Menschen, die selbstorientierte Ziele wie Selbstakzeptanz, Zugehörigkeit, Gemeinschaftsgefühl und körperliche Fitness verfolgen, im Allgemeinen ein höheres Maß an Wohlbefinden.

Auch andere Untersuchungen haben nachgewiesen, dass Personen, die sich primär auf den Erwerb materieller Objekte konzentrieren, eine geringere Lebenszufriedenheit[288], ein geringeres Glücksniveau[289] und ein geringeres persönliches Wohlbefinden[290] erfahren. Materialistische Menschen sind nicht nur weniger zufrieden mit ihrem Leben im Allgemeinen, sondern neigen auch dazu, mit Aspekten ihres Lebens wie ihrem Lebensstandard, ihrem Familienleben und der erlebten Menge an Spaß und Freude weniger zufrieden zu sein.[283, 288, 291]

Materialistisch Eingestellte sorgen sich tendenziell auch weniger um das Wohlergehen anderer und berichten über ein geringeres Maß an Dankbarkeit.[8, 292] Auf der anderen Seite neigen Menschen mit einer dankbaren Veranlagung weniger zu Materialismus.[293, 294] Tatsächlich führte ein Experiment, bei dem die Teilnehmenden dazu gebracht wurden, mehr Dankbarkeit zu empfinden, zu geringerem materialistischen Denken, wobei dieser positive Effekt vor allem durch eine höhere Lebenszufriedenheit erklärt werden konnte.[295] Diesbezüglich ergab eine andere Studie umgekehrt, dass materialistisch orientierte Studenten und Studentinnen über eine niedrigere Lebenszufriedenheit berichteten. Dies hing mit ihrer geringeren Dankbarkeit und damit verbunden ungenügend erfüllten psychologischen Bedürfnissen zusammen.[296]

Erwähnenswert ist auch eine Folgestudie, die beschrieb, dass materialistische Individuen, die sehr dankbar waren, keine niedrigere Lebenszufriedenheit aufweisen, was vermuten lässt, dass Dankbarkeit in der Lage sein könnte, die ansonsten negative Beziehung zwischen Materialismus und Lebenszufriedenheit auszugleichen.[297] Eine interessante und wichtige Überlegung, die auf die besondere Bedeutung einer dankbaren Haltung in unserer auf „Materie über Geist" fokussierten Welt hinweist.

Zusammenfassend neigen dankbare Menschen wahrscheinlich weniger zu Materialismus, weil sie mit ihrem Leben zufriedener sind – und demzufolge nicht das Bedürfnis verspüren, neue Dinge zu erwerben zu müssen, um glücklicher zu sein. Dankbarkeit scheint daher ein effizientes Gegenmittel gegen Materialismus zu sein.

Materialismus könnte auch Freundschaften untergraben, wenn der Fokus vom Menschlichen auf das Dingliche gerichtet wird. Dankbarkeit könnte jedoch vor dieser Erosion schützen, da sie mit der wahrgenommenen (positiven) Qualität von Beziehungen zusammenhängt.[5, 281]

Außerdem wurde festgestellt, dass Materialismus vermehrt mit Gefühlen von Einsamkeit in Verbindung steht, diese Korrelation aber vor allem in die umgekehrte Richtung ausgeprägt ist.[298] Diesbezüglich hat eine Studie gezeigt, dass Einsamkeit signifikant mit dem Streben nach Glück durch den Erwerb von Gütern, also quasi mit dem Shoppingverhalten, korreliert ist.[298] Dankbarkeit kann hingegen dazu beitragen, Gefühle der Einsamkeit zu reduzieren.[173]

Zusammenfassend deuten diese Ergebnisse darauf hin, dass durch mehr Dankbarkeit materielle Güter im Vergleich zu nicht materiellen als weniger bedeutend angesehen werden. Eine Abkehr vom materialistischen Denken wiederum wirkt sich positiv auf das subjektive Wohlbefinden aus.

Insgesamt kann Dankbarkeit dazu beitragen, sich von einer materialistisch fokussierten Lebensweise abzuwenden. In diesem Sinne stellt Dankbarkeit ein einfaches Werkzeug dar, um Wohlbefinden und Zufriedenheit zu fördern.

9. Dankbarkeit in Paarbeziehungen

Dankbarkeit und Liebe sind Geschwister.
Dankbarkeit ist Liebe, mild doch stet.
Wer ein Liebender durchs Leben geht,
auch ein Dankender für alles ist er.

Christian Morgenstern (1881–1914)[299]

Dankbarkeit ist eine essenzielle, aber unterschätzte Tugend in Liebesbeziehungen. Mit den Jahren wird sie nicht selten zur Selbstverständlichkeit wie Wertschätzung, Respekt, Freundlichkeit und andere positive Wesensarten, die für das gute Funktionieren einer Paarbeziehung substanziell sind. Wertschätzung etwa wurde als ein essenzieller Faktor angeführt, der bei lang verheirateten (25 bis 40 Jahre) Paaren zu einer befriedigenden Ehe beiträgt.[300] Daneben spielen noch verschiedene andere intra- und interpersonelle Faktoren in langjährigen Ehen eine Rolle, wie z. B. Engagement/Loyalität, Kommunikation, Spiritualität, die Bereitschaft, Konflikte zu lösen sowie Liebe und Sexualität. Diese wurden in einer systematischen Übersichtsarbeit zusammengefasst.[301]

Studien im Kontext etablierter romantischer Beziehungen haben gezeigt, dass Menschen, die dankbar gegenüber ihrem/ihrer Partner*in sind, sich verbundener, zufriedener und engagierter in ihrer Beziehung zeigen.[302, 303]

In einer Studie bei heterosexuellen Paaren berichteten Teilnehmende, die gebeten wurden, im Laufe eines Monats vier bis sechs Gespräche zu führen, in denen sie ihrem Partner oder ihrer Partnerin ihre Dankbarkeit ausdrückten, über mehr persönliches Wohlbefinden in ihrer Beziehung, im Vergleich zu Teilnehmenden, die angewiesen wurden, ihrem/ihrer Partner*in etwas Persönliches über sich selbst preiszugeben.[304]

Dankbarkeit in der Partnerschaft scheint auch die Dauer einer Beziehung zu beeinflussen[303] und fördert zudem beziehungserhaltende Verhaltensweisen.[305] Die Bedeutung von Dankbarkeit in Paarbeziehungen zeigt Sara Algoe et al. in einer Arbeit mit dem schönen Titel (frei übersetzt): „Es sind die kleinen Dinge: Tägliche Dankbarkeit als Booster romantischer Beziehungen".[302]

In dieser sollten 67 junge Paare über zwei Wochen jede Nacht vor dem Zubettgehen einen Fragebogen über ihre Paarbeziehung ausfüllen. Dabei zeigte sich, dass Dankbarkeit ein guter Vorhersagefaktor für die Beziehungsqualität war. Dankbarkeit unterstützt dabei, sich an die positiven Gefühle gegenüber dem/der Partner*in zu erinnern und fördert die Entstehung gegenseitiger Zuneigung. Dies trägt schlussendlich dazu bei, die Beziehung zu stärken und zu verbessern.

Dabei ist in der Anfangsphase von Beziehungen der Ausdruck von Dankbarkeit in der Lage, die Bindung des Paares zu erleichtern, weil Dankbarkeit als zwischenmenschlich wärmer wahrgenommen wird[306] und dadurch Gefühle von Nähe intensiviert werden. In etablierten Beziehungen können Menschen, denen Dankbarkeit zuteilwird, zusätzlich auch mehr über ihren Partner oder ihre Partnerin erfahren als nur seine/ihre Wärme. Insbesondere Algoes *Find-Remind-and-Bind-Theorie*[182] besagt, dass Dankbarkeitsbekundungen ein Barometer dafür sind, wie die Beziehung gesehen wird (vgl. dazu S. 75).

Dankbarkeit schafft Wohlgefühl, was wiederum einen ehrlichen und angenehmen Umgang miteinander gewährleistet.[307] Aus dieser Geborgenheit heraus können Probleme besser angesprochen, Unstimmigkeiten leichter geklärt und gelegentliche Enttäuschungen müheloser bereinigt werden.

Neben Algoes „Find-Remind-and-Bind-Theorie"[182] haben mehrere Studien mögliche weitere Mechanismen untersucht, wie Dankbarkeit Menschen helfen könnte, romantische Beziehungen aufzubauen und aufrechtzuerhalten. Dabei wurde gezeigt, dass das Erleben von Dankbarkeit dazu führen kann, dass eine Person das Verhalten einer anderen Person nachahmt[308] oder auch die Ziele einer anderen Person übernimmt[309]. Weiterhin wurde beschrieben, dass man durch Dankbarkeit offener für Ratschläge ist[310], im Gegensatz zu Wut oder Ärger, die dafür eine Barriere darstellten.

9.1 Wann fühlen wir uns in romantischen Beziehungen unserem/unserer Partner*in gegenüber am dankbarsten?

Studien ergaben, dass Menschen in einer Partnerschaft ihrem/ihrer Partner*in gegenüber dankbarer sind, wenn sie den Eindruck haben, dass er/sie auf ihre Bedürfnisse eingeht[302, 305] und einiges in die Beziehung investiert hat[311]. Ferner werden Dankbarkeitsbekundungen vor allem dann positiv aufgenommen, wenn die empfangende Person sie als aufrichtig (*sincere*) einstuft[312], aber auch, wenn sie mit Lob kombiniert werden[313]. Richtig eingesetztes, angemessenes Lob ist Balsam für die Seele und wird durch Dankbarkeitsbekundungen verstärkt, wie z. B. ein *Ich danke dir, dass du mir zugehört hast. Ich schätze diese Eigenschaft sehr an dir.*

Liebespaare kommen immer wieder unweigerlich in Situationen, in denen ihre Präferenzen auseinandergehen und einer/eine der beiden ihren Vorlieben entsagen muss, um dem/der anderen entgegenzukommen.[314] Die Wahrnehmung der Motive, die der Entscheidung des Partners oder der Partnerin zugrunde liegen, dieses *Opfer* zu bringen, beeinflussen dabei das Gefühl der Dankbarkeit. Forschungsarbeiten, die die Gründe hierfür untersucht haben, unterscheiden dabei zwischen Annäherungs- und Vermeidungsmotiven.[315, 316] Wenn Menschen aus Annäherungsmotiven Opfer bringen, versuchen sie Positives in ihre Beziehung einzubauen, wie z. B. ihren/ihre Partner*in glücklich zu machen oder die Intimität zu steigern. Ein Beispiel wäre, wenn ich als eingefleischter Fußballfan auf das EM-Halbfinalspiel im Fernsehen verzichte und dafür meinem/meiner Partner*in in einer Vollmondnacht mit einer romantischen Bootsfahrt auf der alten Donau überrasche.

Im Gegensatz dazu konzentrieren sich Menschen, die aus Vermeidungsgründen Opfer bringen, insbesondere darauf, negative Folgen abzuwenden, wie beispielsweise den/die Partner*in nicht zu enttäuschen oder auch Konflikte oder eigene Schuldgefühle zu vermeiden. Anlehnend an das Fußball-Beispiel würde ich aus Vermeidungsmotiven auf das EM-Halbfinalspiel verzichten, weil mein*e Partner*in schon von meinem wochenlangen Fußballschauen genervt ist und ich daher eine Eskalation vermeiden will.

Annäherungsmotive sind mit einem erhöhten persönlichen und beziehungsbezogenen Wohlbefinden und höherer Beziehungsqualität verbunden, während Vermeidungsmotive typischerweise mit einem geringeren Wohlbefinden assoziiert sind.[315, 317–319]

9.2 Dankbarkeit kann Bindungsängste reduzieren

Die Bindungsangst ist eine Form der Bindungsunsicherheit, die durch chronische Ängste vor Ablehnung, Selbstzweifel und dem Bedürfnis nach Sicherheit und feinfühliger Rückmeldung charakterisiert ist und psychische Probleme mit sich bringen kann.[320, 321]

Ein Schlüssel zur Abfederung der negativen Auswirkungen von Bindungsangst ist es, ängstlich gebundenen Personen zu versichern, dass sie geschätzte Beziehungspartner sind. Insgesamt sind wertschätzende Kommunikation, Fürsorge und Engagement wichtig, um derartige Ängste zu reduzieren.[322] Auch das Praktizieren von Dankbarkeit kann das tiefe Misstrauen, dass sich Menschen mit unsicherer Bindung selbst entgegenbringen, reduzieren. In einer Längsschnittstudie mit über 2000 Teilnehmenden war z. B. wahrgenommene Dankbarkeit ein potenzieller Vorhersagefaktor für den Rückgang der Bindungsangst in einer etablierten romantischen Beziehung. Die Resultate waren dabei unabhängig von den individuellen Schwankungen der allgemeinen Beziehungszufriedenheit.[323]

Ehe ist nicht gleich Ehe, und nicht alle Liebesbeziehungen laufen gut. Ständige Konflikte, Streitereien, subtile, offene Feindseligkeit in der Partnerschaft oder auch andere Gründe führen dazu, dass Beziehungen zu Bruch gehen. Wenn die Auflösung einer Ehe oder Liebesbeziehung nicht einvernehmlich, halbwegs harmonisch erfolgt, kann die Wut auf einen/eine Ex-Partner*in viele Jahre andauern. Eine anhaltende feindselige Kommunikation kann für geschiedene oder getrennte Eltern besonders schwierig sein. Feindseligkeit wird allgemein mit körperlichen Gesundheitsproblemen[324], schlechten Bewältigungsstrategien (*coping*) negativer Gefühle wie Ärger und Angst[324] und mit depressiver Verstimmung[325] in Verbindung gebracht. Zusätzlich zu diesen negativen

Auswirkungen könnten feindliche Gefühle gegenüber einem/einer Ex-Partner*in das psychische Wohl der Kinder gefährden. Nur durch Vergebung kann der *Krieg* beendet und konstruktive Gespräche begonnen werden. Vergebung bedeutet, Wut und Ärger gegenüber einem anderen in eine positivere und friedlichere Interaktion umzuwandeln. Sie bedeutet allerdings nicht, Fehlverhalten zu dulden, zu vergessen oder auch auf eine faire rechtliche Einigung zu verzichten.[326] Untersuchungen haben gezeigt, dass das Vergeben eines Ex-Ehepartners bzw. einer Ex-Ehepartnerin unter anderem mit einem verbesserten *Co-parenting*, dem gemeinsamen Aufziehen des Kindes in unterschiedlichen Haushalten, einhergeht sowie die elterlichen Konflikte reduziert.[326, 327]

Dabei könnte Dankbarkeit aber auch helfen, die destruktive Anspannung zwischen Partner*innen zu dämpfen. Eine Studie mit geschiedenen oder getrennten Teilnehmenden ergab, dass diejenigen, die instruiert wurden, zehn Tage lang ein Dankbarkeitstagebuch zu führen, eine höhere Tendenz zur Vergebung im Allgemeinen und speziell zur Vergebung gegenüber ihren Ex-Partner*innen zeigten als im Vergleich die anderen Teilnehmenden.[326] Dispositionelle Dankbarkeit erhöht somit auch die Tendenz, anderen zu verzeihen.[148]

Dankbarkeit ist zudem bedeutend, um nach einer Trennung und der anschließenden Trauerphase wieder aus dem emotionalen Tief herauszukommen und zuversichtlich in die Zukunft blicken zu können. Dankbarkeit für die schöne Zeit und die Inspiration, die einem geschenkt wurde, Dankbarkeit für die große Liebe, die man gespürt hat in den glücklichen Momenten, können trösten und Kraft geben, etwas Neues zu beginnen.

Trauer, Liebe und Dankbarkeit sind starke Emotionen, die miteinander verwoben sind, wie Haydée, die befreite orientalische Sklavin und Ziehtochter des Grafen von Monte Christo, im gleichnamigen Roman von Alexandre Dumas ihrem geliebten Grafen mitteilt: „Nein, Herr, denn am Morgen denke ich, daß du kommen wirst, und am Abend erinnere ich mich, daß du hier warst; wenn ich sonst allein bin, so sind es Erinnerungen, die mich beschäftigen. Mit drei Gefühlen im Herzen langweilt man sich nie: Trauer, Liebe und Dankbarkeit."[328]

Zusammenfassend kann der Ausdruck von aufrichtiger, herzlicher Dankbarkeit in der Partnerschaft dazu beitragen, Beziehungen zu stärken und zu stabilisieren. Dankbarkeit schafft Wohlbefinden und Vertrauen. Dadurch könnten die geringe Zufriedenheit und Bindung, die typischerweise charakteristisch ist für unsichere romantischen Beziehungen[329], verbessert werden. Dankbarkeit hilft aber auch Partner*innen, selbstsicherer über potenzielle Beziehungskonflikte zu sprechen. Dankbarkeit ist daher ein essenzielles Fundament von Paarbeziehungen.

10. Undankbarkeit

Wie schnell der Dank der Menschen doch verweht – und Undank wird!
　　　　　　　　Sophokles (497/496 v. Chr. – 406/405 v. Chr.)

Dankbarkeit ist eine Form des Austausches, in dem die gebende Person etwas unter Umständen Wertvolles gibt und die empfangende Person als Gegenleistung Dankbarkeit erwidert. Unterm Strich ergibt sich ein ausgeglichener Vorgang, bei dem die Kosten, die der gebenden Person entstehen, durch die Dankbarkeit des Empfängers bzw. der Empfängerin ausgeglichen werden. Wenn jedoch die empfangende Person die Wohltat nicht erwidert, wird dies als Undankbarkeit bezeichnet.

Laut Thomas Nisters kann Undankbarkeit verschiedene Formen annehmen: In der passiven Form erkennen Begünstigte nicht den Empfang der Wohltat, schweigen und/oder erwidern die Wohltat nicht. In der aktiven Form empfinden Empfangende die Wohltat als böswillige Handlung (*malefaction*), tadeln diese, bemängeln ihren/ihre Wohltäter*in oder machen ihn vielleicht sogar schlecht. Ein Grund für die passive Form der Undankbarkeit ist ein Mangel an Einfühlungsvermögen, d. h. die Unempfindlichkeit gegenüber Zeichen von Wohlwollen, und das Versäumnis, wahrzunehmen, dass ein Akt des Wohlwollens stattgefunden hat.[330]

10. Undankbarkeit

Die Wissenschaft hat sich bisher relativ wenig der Undankbarkeit gewidmet. Ob in akademischen Fachzeitschriften oder in populäreren Publikationen, wir lesen regelmäßig über die Vorteile der Dankbarkeit, nicht aber über die Nachteile der Undankbarkeit.[331] Menschen, die mit dem Undank von anderen konfrontiert werden, fühlen sich enttäuscht, verärgert, ausgenutzt, bisweilen verletzt und unter Umständen auch einsam. Nicht erhaltener Dank hat nicht nur Einfluss auf die Gegenwart, sondern zerstört auch wertvolle Erinnerungen, die eine bedeutende Grundlage für Zufriedenheit darstellen. Außerdem kann sich Undankbarkeit auf die Zukunft auswirken, da die Wahrscheinlichkeit für positive Entwicklungen vermindert wird.

Ein bekanntes Beispiel für Undankbarkeit, das von Philosophen bedient und diskutiert wurde, ist Arthur Schnitzlers Erzählung „Wohltaten Still und Rein geben"[332, 333].

Franz, ein armer und hungriger Student, ist hin- und hergerissen zwischen der Versuchung zu betteln und der Scham, als Bettler wahrgenommen zu werden. Sein Neid wird geweckt, als er einen Mann beobachtet, der Trinkgeld für das Öffnen der Türen eines vorfahrenden Wagens erhält. Während Franz frierend an einer Laterne lehnt, kommt ein wohlhabender junger Mann in einem Pelzmantel vorbei und drückt ihm mit einer arroganten Geste eine mehr als großzügige Goldmünze in die Hand. Franz ist überrascht und dankbar und schüttelt seinem Gönner mit Inbrunst die Hand. Jedoch wandelt sich Franz' anfängliche Dankbarkeit bald zu Wut und Scham. Das wertvolle Goldstück, das er erhielt, verstärkt nur sein Bewusstsein über sein Elend. Franz verschwendet das Geld in einer Nacht und findet sich schnell in Armut wieder. Was zunächst als Wohltat erschien, nimmt Franz nun als eine erniedrigende Geste wahr, die ihn seine Not nur noch mehr spüren lässt. Franz empfindet Hass gegenüber dem Wohltäter, der ihn seiner Meinung nach herablassend behandelt hat. Er kehrt zu dem Ort der Demütigung zurück, wo er seinem Wohltäter eine Ohrfeige verpasst und sich von der erlebten Demütigung befreit.

Der Mann im Pelzmantel hat nicht nur durch seine herablassende Arroganz versagt, sondern auch, indem er einem Bettler in dieser Situation nicht einen angemessenen Betrag gegeben hat. Insgesamt verspielt er dadurch die Güte seiner Handlung.

Laut der Philosophin Hilge Landweer kann „zu viel" geben ebenso problematisch sein wie „zu wenig".[334] Im ersten Fall bringe ich den Empfangenden oder die Empfangende möglicherweise in eine unangenehme Situation, weil er/sie sich nicht angemessen revanchieren kann und sich dadurch erniedrigt fühlt. Wenn man hingegen zu wenig gibt, kommt man möglicherweise nicht seiner moralischen Verpflichtung nach, seinen finanziellen Ressourcen entsprechend adäquat dem ökonomisch Unterlegenen etwas zu geben. Das könnte beim Empfänger oder bei der Empfängerin das Gefühl der Wertlosigkeit auslösen. Jedoch wird aufgrund des deutlichen sozialen Unterschieds zwischen Geber*in und Bettler*in niemals eine angemessene Gabe möglich sein.

Wer sich gedemütigt fühlt, empfindet oft eine macht- und ausweglose Enge wegen eines Unrechts, das einem von jemand anderem, egal ob bekannt oder unbekannt, zugefügt wurde.[334] Die Ohrfeige am Ende der Geschichte kompensiert deshalb nicht nur Franz' inbrünstiges Handschütteln, sondern ist auch ein Zeichen, dass Franz durch das kühle, arrogante Verhalten seines hochnäsigen Gönners gedemütigt wurde.

Aufrichtiger Dank ist vor allem dann möglich, wenn man nicht innerlich abhängig von jemandem ist. Das ist am besten realisierbar unter Gleichgesinnten. Ein armer Mensch, der Geld bekommt, wird sich verständlicherweise mehr davon wünschen. Die Annahme eines Geschenks kann zu einer inneren Abhängigkeit von dem/der Schenkenden führen, was der Grundidee der Dankbarkeit widerspricht.

10. Undankbarkeit

Es kann auch problematisch sein, wenn man gegen den eigenen Willen beschenkt wird. Dies kann ein Gefühl der Hilflosigkeit hervorrufen. Wohltätige Aktionen können daher manchmal als demütigend empfunden werden, weil sie jemanden der Willkür des anderen unterwerfen. Es sind die Bedürfnisse des Lebens, die das Verhältnis von Gebenden und Nehmenden korrumpieren[24,] und wie Michael Walzer es ausdrückt (frei übersetzt): „[sie] räumen den Mächtigen Macht ein und zwingen die Armen in die Position von Bettlern"[335].

Einer anderen (kompetenten) Person eine *Wohltat* aufzuzwingen, die diese nicht willkommen heißt, stellt in gewisser Weise eine moralisch problematische Form der Bevormundung dar, bei der der vermeintliche Wohltäter die Persönlichkeitssphäre des Empfängers nicht respektiert.

Auch Geschenke, mit denen man beispielsweise seinen Reichtum zur Schau stellt, wodurch der/die Empfänger*in gedemütigt oder neidisch gemacht wird, oder solche, die das Ziel haben, Macht über einen anderen auszuüben und dadurch Gefühle von Wut oder Traurigkeit auszulösen, *erfordern* aus moralischer Sicht keine Dankbarkeit.

Bei einer ungewollten Zwangsbeglückung muss man auch keine Dankbarkeit empfinden, beispielsweise wenn der/die aufdringliche Nachbarn*in ungefragt Ihren Rasen mäht und dabei vielleicht noch die schönen Gänseblümchen abrasiert.

Wie hätte der Wohltäter im Pelzmantel mit Franz umgehen sollen? Ein freundlicher Gruß, ein direkter Blick und vielleicht noch wohltuende Worte wären ausreichend gewesen wie: *Ich hoffe, ich konnte Ihnen helfen* oder ganz einfach: *Alles Gute für Sie*. Andererseits kann die Zusammenkunft mit einem Bettler oder einer Bettlerin auch unangenehm sein. Man wird daran erinnert, dass es vielen Menschen schlechter geht und das Leben ungerecht ist. Man möchte nicht damit konfrontiert werden und reagiert dann unter Umständen nicht angemessen, sodass das Verhalten Undankbarkeit auslösen kann.

10. Undankbarkeit

Nach Auffassung des Theologen und Philosophen Thomas von Aquin (1225–1274) ist Undankbarkeit eine Sünde[336], wobei nicht nur die mangelnde Erwiderung der Wohltat schwer wiegt, sondern vor allem diese nicht zu erkennen, sei es durch Vergessen oder durch andere Gründe. Dankbarkeit hingegen ist für Thomas von Aquin eine Tugend – eine Ehre, die wir Gott oder auch unseren Eltern gegenüber erweisen.[337] Je größer das Geschenk ist, das man von Gott erhalten hat, desto mehr sei man verpflichtet, ihm zu danken. Daher sollten eigentlich diejenigen, die mit Glück und Reichtum gesegnet sind, am dankbarsten sein. Trotzdem sind es nicht selten gerade die Satten und Bevorzugten, die weniger dankbar sind. Eine Person, die bereits satt und zufrieden ist, fühlt oft keinen Anreiz, Dankbarkeit zu zeigen. Der ständige Genuss erschwert es gewissermaßen, dankbar zu sein, es sei denn, man wird von starken moralischen Werten geleitet und/oder ist gläubig.

Menschen sind nicht gleich. Die einen sind gleicher als die anderen. Das Leben ist schlichtweg ungerecht. Das war es von Anbeginn der Menschheit. Der Zufall oder das Schicksal entscheidet, von wem und wo ich in die Welt gesetzt werde, welcher Charakter mir mitgegeben wird, welche Dinge mir über den Weg laufen, welche Entscheidungen ich treffe, und ob ich von Glück gesegnet bin.

Menschen fragen sich, ob menschliches Leid und Armut, die nicht endende Ungerechtigkeit in der Welt einen Sinn haben. Versuche, Ungerechtigkeit und Ungleichheit in der Welt zu erklären, erscheinen stets unbefriedigend, zumindest, weil sie keine Gerechtigkeit herbeiführen. Für gläubige Menschen bietet der göttliche Wille eine Erklärung, die durch den Glauben gestärkt wird, dass es nach dem irdischen Dasein noch eine weitere Existenz gibt – einen Glauben an die Unsterblichkeit der Seele. Die Vorstellung von einem gerechten Austarieren nach unserem Ableben könnte als mögliche Erklärung für den zweifelhaften Sinn dieser extremen sozialen Kluft dienen.

Ob gläubig oder nicht, das Praktizieren von demütiger Dankbarkeit stellt für jeden eine ausgleichende Möglichkeit dar, den Ungerechtigkeiten in unserer Welt zu begegnen.

10.1 Ist Undankbarkeit ein Verbrechen?

In Übereinstimmung mit Thomas von Aquin verurteilt der schottische Philosoph David Hume (1711–1776) Undankbarkeit. Er betont, dass das schrecklichste und unnatürlichste Verbrechen, das Menschen begehen könnten, die Undankbarkeit sei, insbesondere wenn sie gegenüber den Eltern begangen würde.[338]

Immanuel Kant bezeichnete die Undankbarkeit neben Neid und Schadenfreude als eine von drei Lastern, die das Wesen der Bosheit darstellen.[339]

Undankbarkeit mag unanständig sein, ist aber kein Verbrechen. Hume hat mit seiner Aussage sicher übertrieben. Wenn Undankbarkeit ein Verbrechen wäre, müsste es auch nach dem Rechtssystem entsprechende rechtliche Sanktionen dafür geben, was nicht der Fall ist und sein kann. Undankbarkeit ist eine Untugend, moralisch verwerflich und gesellschaftlich indiskutabel, aber keine Straftat.

Undankbarkeit zu erfahren, belastet besonders, wenn man Risiken eingegangen ist und sich vielleicht sogar durch seine Wohltat finanziell oder moralisch geschädigt hat. Wie es bereits der britische Schriftsteller Henry Fielding (1707–1754) in seinem Klassiker *Die Geschichte des Tom Jones*[340] beschrieben hat: „[…] denn Undankbarkeit verwundet die menschliche Brust am tiefsten, wenn sie von denen ausgeht, um derentwillen wir uns etwas haben zu Schulden kommen lassen. […] aber welchen Trost sollen wir bei einer so schrecklichen Not empfinden, wie es das undankbare Benehmen unseres Freundes

10. Undankbarkeit

ist, wenn zu gleicher Zeit unser Gewissen sich verletzt fühlt und uns vorwirft, wir hätten es zu Gunsten eines so unwürdigen Menschen belastet!"

Stellen Sie sich folgenden fiktiven Fall vor: Martin benötigt dringend eine neue Niere. Auf sein Drängen hin willigt sein bester Freund und Arzt Manfred ein, einige Dokumente zu fälschen, um zu erreichen, dass Martin vorgereiht wird, obwohl Manfred weiß, dass es andere gibt, die schon länger auf eine Niere warten und deren Gesundheitszustand ebenso kritisch ist wie Martins. Nach der Transplantation äußert Martin seinem Freund gegenüber eine gewisse Dankbarkeit, jedoch bleibt diese begrenzt, da Martin überzeugt ist, dass er den Vorzug ja schließlich verdient hat. Außerdem hat Martin nicht vor, seinen ungesunden Lebensstil zu ändern, trotz der dringenden Empfehlung seines Freundes, sein neues Organ wertzuschätzen, und es zu schützen.

Martins Verhalten ist daher in zweierlei Hinsicht problematisch: Es ist unethisch, da er seinen Freund zu einer kriminellen Handlung verleitet hat, und es ist hochgradig undankbar, er brüskiert seinen Freund auch noch mit Arroganz und Uneinsichtigkeit. Alles in allem zeigt dieses Vorgehen Undankbarkeit in seiner hässlichsten und misslichsten Form.

11. Barrieren der Dankbarkeit

Manchmal sind Menschen undankbar, wenn sie die Dankbarkeit als *eine Last* empfinden. Das kann ein Dauerzustand sein oder sich auf singuläre Ereignisse beziehen. Der/die Empfänger*in wollte aus Nettigkeit nicht ablehnen und konnte nicht Nein sagen. Oder das Geschenk wird als eine Demütigung aufgefasst, z. B. in vertikalen sozialen Verhältnissen, wie gezeigt am Beispiel von Arthur Schnitzlers Franz (vgl. S. 119f).

Ein weiteres Hindernis für Dankbarkeit kann das Gefühl sein, keine Schwäche zeigen, aber auch nicht in der Schuld von jemandem stehen zu wollen. Gefühle der Schuldigkeit gehen mit Verbindlichkeiten einher, auch mit dem als unangenehm empfundenen Drang, die einem erwiesene Wohltat begleichen zu müssen. Wirkliche Dankbarkeit hingegen weckt positive Empfindungen wie Wohlbefinden und Zuversicht.[176, 341]

Wie könnte Dankesschuld die Dankbarkeit beeinträchtigen? Verspürt man eine Verpflichtung zur Erwiderung einer Wohltat oder Gabe, wird man sich solange unwohl fühlen, bis die Schuld beglichen ist.[342] Wenn man das Geschenk nicht genießen kann, ist es auch unwahrscheinlich, es subjektiv wertschätzen zu können, was wiederum das Gefühl von Dankbarkeit verringert. Daher weisen Personen, die dazu neigen, sich als Reaktion auf eine Gabe oder Geschenk verschuldet zu fühlen, Schwierigkeiten auf, Dankbarkeit zu empfinden.

11. Barrieren der Dankbarkeit

Eine Studie zeigte z. B., dass Frauen im Vergleich zu Männern weniger Gefühle von Verpflichtung in Verbindung mit Dankbarkeit empfinden. Möglicherweise begeben sich daher Männer seltener in Situationen, in denen Dankbarkeit gezeigt werden müsste, um sich der unangenehmen Emotion von Verpflichtung oder Verbindlichkeit zu entziehen.[343] Unter Umständen nehmen daher Männer seltener Hilfeleistungen und Unterstützung in Anspruch, frei nach dem Motto *Selbst (und unabhängig) ist der Mann*. Männer tendieren auch dazu zu glauben, dass sie ihre Gefühle *im Griff haben*, stark sein und keine Schwäche zeigen sollten, was ebenfalls ein Hindernis sein könnte, Dankbarkeit auszudrücken. Zudem sind sich Männer den mannigfaltigen Vorteilen von Dankbarkeit, wie das Hervorrufen von Wohlbefinden aber auch dem Stärken und Fördern von sozialen Beziehungen, unter Umständen weniger bewusst und verwehren sich dadurch die positiven Auswirkungen dieser Tugend. Männer sind Studien zufolge auch bei psychischen Problemen wie etwa einer Depression zurückhaltender, psychologische Hilfe in Anspruch zu nehmen.[344] Insgesamt wären Dankbarkeitsinterventionen daher möglicherweise gerade bei Männern besonders lohnenswert und effektiv.

Bestimmte Charaktereigenschaften sind Barrieren für Dankbarkeit. Dazu gehören Neid, Materialismus, Narzissmus und Zynismus. In einer Studie mit Studenten und Studentinnen mit dem aussagekräftigen Titel *Thieves of thankfulness* zeigte sich diesbezüglich, dass Narzissmus und Zynismus die stärksten Hemmfaktoren für Dankbarkeit waren.[275] Obwohl schwächer ausgeprägt, waren zusätzlich auch Materialismus und Neid mit geringerer Dankbarkeit korreliert.

Eine zynische Person wird möglicherweise misstrauisch gegenüber den Motiven anderer sein, wodurch das Wohlwollen des Gebers nicht adäquat wertgeschätzt wird. Einige Studien haben dabei gezeigt, dass die Wahrscheinlichkeit, nach einer Wohltat Dankbarkeit zu empfinden, höher ist, wenn der/die Empfänger*in an die „Güte des Gebers" glaubt.[275] Gedanken wie W*as will derjenige von mir?*" oder auch *Verfolgt er Absichten, die mir schaden könnten?* machen es eher unwahrscheinlich, dass auf ein Geschenk oder eine Wohltat mit Dankbarkeit reagiert wird. Misstrauen gegenüber dem Wohltäter oder der Wohltäterin dämpft aufrichtige Dankbarkeit und umgekehrt.

Neben Zynismus bildet vor allem Narzissmus eine starke Barriere für Dankbarkeit. Ein Grund dafür ist, dass ausgeprägt narzisstische Personen möglicherweise nicht einmal bemerken, dass sie ideell beschenkt wurden, weil sie der Meinung sind, dass sie ohnehin einen Anspruch auf das Geschenk oder die Hilfe haben (wie in Martins Beispiel auf S. 124) oder es für sie eine Bestätigung darstellen könnte, dass sie die Wohltat verdient haben.[345] Sie reagieren unter Umständen auch gar nicht auf eine Gabe oder lehnen sie sogar ab, weil sie der Überzeugung sind, dass sie diese nicht brauchen. Sie möchten auch nicht in der Schuld des anderen stehen oder glauben unter Umständen, dass der/die Wohltäter*in aus Eigenmotiven gehandelt und daher selbst davon profitiert hat.[345]

Auch übertriebene Dankesbekundungen, die nicht authentisch wirken, können eine Reaktion von Narzissten sein. Überschwängliche Dankbarkeit macht dabei auch misstrauisch, und Wohltäter*innen fragen sich, was Begünstigte damit bezwecken.

Des Weiteren tendieren Narzissten dazu, sich als unfehlbar einzuschätzen, und es fehlt ihnen das Bedürfnis, sich zu entschuldigen.

Jüngste Forschungen haben ergeben, dass das Ausmaß des Narzissmus von US-College-Studenten und Studentinnen im Vergleich zu früher zugenommen hat.[346, 347] Auf der anderen Seite haben gewisse Empathiewerte bei US-College-Studenten und -Studentinnen zwischen 1979 und 2009 abgenommen.[348] Der wachsende kulturelle Individualismus dürfte eine wesentliche Ursache für diese negativen

Trends sein, wie aber auch für gewisse positive Aspekte des 21. Jahrhunderts, wie die Gleichstellung der Geschlechter.[346]

Auch bei der Depression könnte die Fähigkeit, Dankbarkeit zu empfinden, beeinträchtigt sein, da depressive Menschen tendenziell weniger zu positiven Emotionen wie Freude und Zuversicht neigen. Der pessimistische Blickwinkel dominiert, während Positives überhaupt nur kurzlebig spürbar ist.

Wie bereits an verschiedenen Stellen in diesem Buch diskutiert, weisen einige Studien darauf hin, dass Dankbarkeit negativ mit depressiven Symptomen korreliert.[349–351] Wie bereits besprochen, kann Dankbarkeit in schwierigen Lebensphasen helfen, die Aufmerksamkeit auf Positives zu lenken und daraus Kraft zu schöpfen (vgl. das Beispiel von Stefan und Lisa, S. 33ff). Stressige Ereignisse können Vorläufer depressiver Episoden sein, sodass Dankbarkeit als Bewältigungsstrategie unter Umständen helfen könnte, einer depressiven Verstimmung, zumindest bis zu einem bestimmten Grad, vorzubeugen (vgl. dazu auch Kapitel 15.1, S. 138ff zu Dankbarkeitsinterventionen), weitere Studien wären jedenfalls notwendig. Auch durch positive Erinnerungen könnte Dankbarkeit helfen, die Stimmung zu verbessern.

Undankbarkeit schadet nicht nur dem/der Geber*in der Wohltat, sondern auch dem/der undankbaren Empfänger*in. Menschen, die als undankbar gelten, gehen das Risiko ein, isoliert und entfremdet zu werden, weil Dankbarkeit neben dem Wohlbefinden auch für die zwischenmenschlichen Beziehungen und das soziale Leben bedeutend ist. Chronische Undankbarkeit könnte daher theoretisch Einsamkeit begünstigen, was wiederum depressiv macht, wodurch die Wahrscheinlichkeit für Dankbarkeit möglicherweise weiter reduziert wird, ein verstärkender, schädlicher Kreislauf, der nur durch einen Richtungswechsel zu mehr Dankbarkeit unterbrochen werden könnte.

12.
Verwehrter Dank

Undankbarkeit geht immer von dem/der Empfänger*in einer Wohltat aus und bezieht sich auf das Verwehren einer adäquaten Dankesbekundung. Was aber wäre, wenn der Wohltäter sich dem Dank verwehrt und mit welcher Konsequenz? Die Novelle *The Bellarosa Connection* des US-amerikanischen Schriftstellers Saul Bellow (1915–2005) thematisiert den vergeblichen Versuch des Empfängers einer Wohltat, dem Gebenden Dank abzustatten.[352] In dem Roman geht es um den polnischen Juden Harry Fonstein, einem entfernten Verwandten des Erzählers, dessen Familie fast komplett von den Nazis ausgelöscht wurde. Ihm und seiner Mutter gelingt die Flucht nach Italien. Sie stirbt kurze Zeit später und Fonstein wird wegen Unstimmigkeiten in seinen Papieren verhaftet. Eine Verbindung der Mafia mit der amerikanischen Untergrundorganisation „Bellarosa" schafft es aber, ihn zu befreien, sodass er schlussendlich in den USA landet, wo er ein erfolgreiches Leben führt. Jedoch gelingt es ihm nie, sich bei „Billy Rose", der mysteriösen Person hinter der Organisation, zu bedanken. Fonsteins Bemühungen, seinem Retter die Hand zu schütteln und ihm zu danken, werden bis zu seinem Tod nicht erfüllt.

Wenn der/die Wohltäter*in sich verwehrt, die Dankesbezeugung entgegenzunehmen, kommt für den/die Empfänger*in die Transaktion nicht zur Vollendung.[352] Der fehlende Abschluss kann für den/die Empfänger*in Verstimmung hervorrufen, die ein Leben lang andauern kann. „Billy Rose" rettete Harry Fonstein das Leben, und

12. Verwehrter Dank

nur durch die Erwiderung dieser Gabe, so minimal sie auch sein mag, findet Fonstein Frieden.

Dankbarkeit ist nach Georg Simmel ein „Bindemittel" – ein Geben und Zurückgeben –, es verbindet Menschen und schließt den Kreis (vgl. S. 64ff). Wenn Dankbarkeit auf eine bedeutende Gabe nicht sicher deponiert werden kann, fehlt der Ausgleich. Stellen Sie sich vor, dass Sie aus einem brennenden Auto gerettet wurden, und nachdem Sie auf der Intensivstation aufgewacht sind, erfahren Sie, dass die Person, die Ihr Leben gerettet hat plötzlich, nachdem weitere Hilfe eingetroffen war, verschwunden ist. Würde Sie nicht interessieren, wer dieser Mensch gewesen ist? Vermutlich würde Sie dieser Gedanke lange beschäftigen, wenn nicht sogar bis an Ihr Lebensende.

Was mögen die Gründe dafür sein, warum ein Geber oder eine Geberin sich dem Dank entzieht? Anlehnend an Simmels *Bindetheorie* könnte es die Weigerung sein, eine Bindung einzugehen und vielleicht weitere wohltätige Aktionen setzen zu müssen. Aber auch persönliche Gründe, wie gewünschte Anonymität, könnten eine Rolle spielen – im Fall von „Billy Rose", der anscheinend mit der Mafia assoziiert wird, völlig verständlich. Anonymität schützt auch vor weiteren, möglicherweise belastenden Bittsteller*innen.

Weiterhin könnten auch religiöse Gründe eine Rolle spielen. Die Gabe von Almosen gilt in vielen Religionen als Pflicht, und dabei gilt es als wichtig, dass man die Wohltat nicht „herausposaunt" (Matthäus 6,2), sondern sie besser „den Bedürftigen insgeheim erteilt" (Koran, Sure 2, V271).

„Ist der Wohltäter zur Entgegennahme von Dank verpflichtet?", fragt die Literaturwissenschaftlerin Gisela Ecker in ihrer Abhandlung über Bellows Roman.[352] Die Antwort bleibt offen und jedem selbst überlassen. Wenn es um etwas Existenzielles geht wie bei Harry Fonstein,

12. Verwehrter Dank

wäre es jedoch ratsam, wenn möglich, die Dankesbekundung entgegenzunehmen, weil er/sie andererseits dem/der Empfänger*in möglicherweise die Möglichkeit des Abschlusses nimmt, was die gute Tat schmälern und sogar vielleicht zunichtemachen könnte. Es liegt in der Verantwortung des Gebers, den Nehmer nicht langsam im Treibsand versickern zu lassen.

13. Darf man Dankbarkeit verlangen?

Bereits Ende des 18. Jahrhunderts schrieb Adolph Freiherr von Knigge (1752–1796) in seinem Werk Über den Umgang mit Menschen[353], dass Dankbarkeit nicht erwartet werden sollte: „Ich habe bei mancher Gelegenheit erinnert, daß man auf dieser Erde auch bei den edelsten und weisesten Handlungen weder auf Erfolg, noch auf Dankbarkeit rechnen dürfe. Diesen Grundsatz soll man, wie ich dafür halte, nie aus den Augen verlieren, wenn man nicht karg mit seinen Dienstleistungen, feindselig gegen seine Mitmenschen werden, noch gegen Vorsehung und Schicksal murren will."

Wohltaten und gute Handlungen sollten aus intrinsischem Antrieb heraus erfolgen, ohne die Erwartung von Dankbarkeit. Diese kann zu Unzufriedenheit führen und ist möglicherweise nicht den Ärger wert, den man dadurch erleben kann. Dennoch gibt es Situationen, in denen der Frust über einen ausbleibenden Dank tief sitzt und emotionalen Schaden verursacht.

Knigge schreibt auch, dass eine uneigennützige Wohltat ihrer selbst willen beim Geber oder bei der Geberin Freude hervorruft, insbesondere wenn kein Dank erwartet wird: „… erinnere ich nur nochmals, daß jede gute Handlung sich selbst belohnt, ja, daß der Edle eine neue Quelle von innrer Freude aus der Undankbarkeit der Menschen zu schöpfen versteht, nämlich die Freude, sich bewußt zu sein, gewiß uneigennützig, bloß aus Liebe zum Guten, Gutes zu tun, wenn er voraus weiß, daß er auf keine Erkenntlichkeit rechnen darf."

Ein unerfüllter Dankes-*Wunsch* kann temporär frustrierend sein, eine unerfüllte Dankes-*Erwartung* hingegen wiegt nachhaltig schwerer. Insgesamt reduziert jegliche Erwartung von Dank das durch die gute Tat ausgelöste Wohlbefinden. Hingegen keinen Dank zu erwarten, verstärkt den Effekt einer Dankesbekundung wie auch das positive Gefühl, eine gute Tat geleistet zu haben.

Stellen Sie sich folgende Situation vor: Während Hans nach einem langen Arbeitstag ermüdet mit der Straßenbahn nach Hause fährt, wird er Zeuge einer rassistisch motivierten Handlung. Zwei südländische Frauen mittleren Alters mit Kopftuch werden durch drei kahlköpfige, junge Männer beschimpft. Hans hört Wortfetzen wie „Wir sind in Österreich. Hier wird Deutsch gesprochen" und „Wenn wir wieder ganz oben stehen, werdet ihr schon sehen". Es ist eine hochgradig unangenehme Situation, die eine strenge Reaktion erfordert. Die Tatsache, dass hier drei aggressive und offensichtlich gewaltbereite Männer Konfrontation suchen, erleichtert nicht unbedingt das Einschreiten. Nichtsdestotrotz überlegt sich Hans spontan, wie er reagieren würde und nimmt dann all seinen Mut zusammen, wohlwissend, dass seine Zivilcourage auch ihre Konsequenzen haben könnte. Durch seinen scharfen Ton und sein selbstbewusstes Auftreten kann er die drei Rassisten verscheuchen. Er ist erleichtert und blickt die beiden verunsicherten und leicht verängstigten Frauen an. Hans hofft auf ein *Danke*. Aber es kommt nicht; nur ein verlegener Blick auf den Boden, fast so, als ob nichts geschehen wäre. Hans wartet noch einen Moment und setzt sich dann wieder auf seinen Platz.

Obwohl Hans kein *Danke* erhalten hat, hat er trotzdem ein gutes Gefühl, jemandem geholfen und Zivilcourage gezeigt zu haben. Das nicht ausgesprochene *Danke* war in diesem Fall für ihn sekundär; die positive Emotion nach seinem sozialen Mut hat das fehlende *Danke* zumindest zufriedenstellend kompensiert.

Aber vielleicht hat Hans das *Danke* sogar in irgendeiner Form gespürt, so merkwürdig es auch klingen mag. Ein nicht ausgesprochenes *Danke*, dass trotzdem zu seinem Empfänger findet? Auf einer anderen gefühlten Ebene sozusagen. Es wäre durchaus denkbar, dass vor allem in bestimmten, extremen Situationen des Lebens, wie in diesem Beispiel, gewisse Verhaltensweisen des Wohltatempfängers bzw. der Empfängerin, einschließlich der Mimik, ein *stummes Danke* übertragen können. Verlegenheit, Verunsicherung, aber auch Angst, lassen Menschen schweigen, und es liegt am Feingefühl des Gebers oder der Geberin, die Reaktion des Gegenübers richtig einzuschätzen.

14. Wie wird Dankbarkeit in Studien erhoben?

Studien nutzen verschiedene Fragebögen, um Dankbarkeit bzw. die dankbare Disposition von Teilnehmern und Teilnehmerinnen zu erheben. Ein bekannter, häufig verwendeter ist der Dankbarkeitsfragebogen von McCullough et al., der folgende sechs (frei übersetzte) Aussagen beinhaltet[8]:

1. Ich habe so viel im Leben, wofür ich dankbar (thankful) sein kann.
2. Wenn ich alles auflisten müsste, wofür ich dankbar (grateful) bin, wäre es eine sehr lange Liste.
3. *Wenn ich die Welt betrachte, sehe ich nicht viel, wofür ich dankbar (grateful) sein könnte.*
4. Ich bin einer Vielzahl von Menschen dankbar (grateful).
5. Je älter ich werde, desto besser fühle ich mich in der Lage, die Menschen, Ereignisse und Situationen zu schätzen, die Teil meiner Lebensgeschichte sind.
6. *Viel Zeit kann vergehen, ehe ich Dankbarkeit (grateful) gegenüber etwas oder jemandem empfinde*

Die Aussagen sollen mit Nummern von 1 bis 7 mit 1 für *gar nicht einverstanden* und 7 für *sehr einverstanden* bewertet werden, wobei die kursiv gedruckten Fragen 3 und 6 umgekehrt zu bewerten sind (also 1 = 7 und 7 = 1).

14. Wie wird Dankbarkeit in Studien erhoben?

Im Englischen besteht ein feiner Unterschied zwischen *thankful* und *grateful*. Obwohl beide Begriffe im Deutschen *dankbar* bedeuten und sich ähneln, setzt *I am grateful* voraus, dass Sie von einer anderen Person oder Sache bewegt wurden, wohingegen *thanks* oder *I am thankful* eher für kurzzeitige Ereignisse verwendet wird. *Grateful* geht daher mehr in die Tiefe und Breite, wie z. B. das online Cambridge English Dictionary schreibt: „Thank you so much for helping us move house. We are so grateful." Oder *thankful* nach einem Unfall: „There was some damage to the car. I'm just thankful that no one was injured."

15. Dankbarkeit entwickeln – praktische Ansätze

Gibt es Ansätze, um ein stärkeres Empfinden von Dankbarkeit zu kultivieren oder eine dankbare Haltung zu entwickeln?

Ein erster Schritt wäre, sich der Vorteile von Dankbarkeit, insbesondere für das Wohlbefinden und für zwischenmenschliche Beziehungen bewusst zu machen. Diese Erkenntnis könnte wiederum den Anstoß für Maßnahmen geben, die dann zu einer kontinuierlichen Entwicklung einer dankbaren Einstellung führen. Eine solche Maßnahme wäre beispielsweise, Dankbarkeit als festen Bestandteil in den Tag zu integrieren, wie ein Ritual in der Frühe und am Abend. Es gibt immer etwas, für das man dankbar sein kann, und wenn es die kleinen Dinge des Alltags sind. Es lohnt sich auch der Blick auf das als selbstverständlich Empfundene wie den guten Job, das Dach über dem Kopf oder den/die Partner*in, die man zu wenig wertschätzt.

Die nächste Ebene der Dankbarkeit wäre, sich bewusst zu machen, ob und welche positiven Erkenntnisse oder Veränderungen aus einer negativen Erfahrung möglicherweise entstanden sind und für diese zu danken. Das ist verständlicherweise nicht leicht, wenn Frust und Ärger überwiegen. Jedoch kann diese Form der Dankbarkeit ein Anstoß oder Lerneffekt sein, der einen weiterbringt.

Regelmäßig Dankbarkeit zu üben, dient als wirksame Methode, um Gefühle von Neid, Verbitterung, Ärger oder Gier zu überwinden.[8] Sie wirkt als effektiver, leicht anwendbarer und kostenloser Schutzschild gegen negative Gedanken, die schädlich sind und das Leben verkürzen.

15.1 Interventionen zur Förderung von Dankbarkeit und der dankbaren Haltung

Vertreter der Positiven Psychologie entwickelten unterschiedliche psychologische Interventionen, die beim Aufbau, Ausdruck und Förderung von Dankbarkeit und der dankbaren Haltung unterstützen. Zu den häufig verwendeten Interventionen, um das Dankbarkeitsniveau zu erhöhen, gehören das Führen eines Dankbarkeitstagebuchs, das Schreiben von Dankbarkeitsbriefen oder auch von „Drei guten Dingen" (Three Good Things).

Die systematische Aufzeichnung von Dingen des täglichen Lebens übersetzt die Gedanken einer Person in Worte. Geschriebenes hat gewisse Vorteile gegenüber bloßen Gedanken. Der Akt des Schreibens hilft, die eigenen Gedanken und Erfahrungen zu ordnen, sie zu akzeptieren und in einen sinngebenden Kontext zu stellen. Schreiben kann die Seele entlasten und unter Umständen auch therapeutisch wirksam sein, insbesondere bei depressiven Symptomen oder traumatischen Ereignissen, wie es in den 1980er-Jahren schon vom Psychologen James Pennebaker beschrieben wurde.[354, 355]

In den einzelnen Methoden zur Förderung der Dankbarkeit wird regelmäßig über Dinge, Menschen und Ereignisse geschrieben, für die man sich ausdrücklich dankbar fühlt. Die Häufigkeit des Schreibens variiert zwischen den Studien vom einmaligen bis zum täglichen Schreiben. Die Wirksamkeit der Interventionen auf das Wohlbefinden wurde in einigen Studien nachgewiesen und auch in Metaanalysen bestätigt[45], wobei jedoch in einigen Untersuchungen die Effekte auf verschiedene Parameter des Wohlbefindens *eher bescheiden* ausfielen.[43]

Dankbarkeitsinterventionen bieten eine von vielen Möglichkeiten, das Gefühl der Dankbarkeit in den Alltag zu integrieren und somit seinen Lebensstil positiv zu verändern. Nichtsdestotrotz ist jedoch Fakt, dass mittlerweile zahlreiche, gut durchgeführte Studien bewiesen haben, dass das Praktizieren von Dankbarkeit in der Lage ist, das Wohlbefinden zu verbessern.

Dankbarkeitstagebuch (gratitude journal)

Die Intervention in Studien besteht darin, dass sich Teilnehmende täglich, insbesondere vor dem Zubettgehen, Gedanken über ihren Tag machen und konkrete Dinge, Situationen, Menschen usw. aufschreiben, für die sie dankbar sind.[178]

Eine andere Intervention besteht aus Dankbarkeitsreflektionen, bei denen Teilnehmende sich mit positiven Erlebnissen aus der Vergangenheit auseinandersetzen. In einer etwas komplexeren Form reflektieren sie darüber, wie das Leben verlaufen wäre, wenn eine bestimmte Situation oder Person, für die sie Dankbarkeit empfinden, nicht existiert hätte.[178, 255]

Counting blessings

In einer Studie aus dem Jahr 2003 führten Emmons und McCullough eine Intervention ein, die sich *Counting blessings* nennt, frei übersetzt *Sich glücklich schätzen* für die Dinge des Lebens.[5] Diese Methode beinhaltet das Aufschreiben von bis zu fünf Dingen, entweder täglich oder wöchentlich, für die die Teilnehmenden dankbar sind. Das kann die Großzügigkeit von Freunden sein, die Dankbarkeit für wundervolle Eltern, für Gott, der einem eine Bestimmung gibt, und viele andere Dinge.

Three Good Things

Martin Seligman et al. testeten eine Variation der *Counting-blessings-Methode*, die sie *Three Good Things* nannten[125], bei der nicht nur täglich drei Dinge, die gut gelaufen sind, aufgeschrieben werden, sondern auch die möglichen Gründe dafür.

Gratitude letters/gratitude visits

Seligmans Studie von 2005 beinhaltete auch einen *Dankbarkeitsbesuch* – eine Intervention, bei der die Teilnehmenden einen Dankesbrief an jemanden verfassen, dem sie nie richtig gedankt hatten, und diesen auch persönlich überbringen.[125]

Dieser Brief kann beispielsweise enthalten, was die Person Gutes getan hat, wie es sich auf den/die Teilnehmer*in ausgewirkt hat, wie er/sie sich nach der Wohltat gefühlt hat und warum diese Erinnerung für ihn/sie immer noch wichtig ist.

15.2 Faktoren, die die Akzeptanz und den Erfolg von Dankbarkeitsinterventionen beeinflussen

Es gibt mehrere Faktoren, die die Bereitschaft, Dankbarkeitsübungen durchzuführen, aber auch den damit verbundenen Erfolg, beeinflussen können. Einerseits partizipieren an diesen Dankbarkeitsinterventions-Studien Menschen, die einen ausgeprägten Wunsch verspüren, ihren Lebensstil zu ändern[356], oder einfach auch neugierige Personen[357], insgesamt sind es mehr Frauen als Männer[357].

Darüber hinaus sind Dankbarkeitsinterventionen insbesondere dann mit höherem Wohlbefinden und Lebenszufriedenheit verbunden, wenn die anfänglichen Dankbarkeits- und Glückswerte niedrig waren. Diese Beobachtung steht im Einklang mit der Forschung von Toepfer und Walker, die unter anderem zeigten, dass das Schreiben von Dankbarkeitsbriefen zu einem stärkeren Anstieg des positiven Affekts führte, wenn die anfänglichen selbst berichteten Glücksbewertungen gering waren.[358] Daher lohnen sich Dankbarkeitsinterventionen wahrscheinlich insbesondere bei eher *unglücklichen* Menschen.

Hindernisse für Dankbarkeitsinterventionen können Zweifel hinsichtlich der eigenen Schreibfähigkeiten oder auch das Unterschätzen möglicher positiver Effekte von Dankbarkeitsbekundungen sein. Wenn der Drang, die *richtigen* Worte zu finden oder einen besonders wortgewandten Brief zu verfassen, übermäßig wird, kann dieser Anspruch dazu führen, dass man den Stift gar nicht erst in die Hand nimmt.[359] Wie Voltaire schon vor langer Zeit bemerkte, kann die Perfektion tatsächlich der Feind des Guten sein.[359] Die Sorge oder Angst vor Unvollkommenheit lässt sich überwinden, wenn man bedenkt, dass es nichts zu verlieren gibt und niemand Schaden nimmt. Kurz gesagt, eine unvollkommene Dankbarkeitsbekundung ist besser als gar keine.

Auch das Unterschätzen oder die fehlende Überzeugung bezüglich der positiven Effekte der Intervention auf das subjektive Befinden kann eine Person davon abhalten, Dankbarkeit schriftlich festzuhalten. Ein Grund dafür könnte der Glaube sein, dass eine derart einfache Methode, die nichts kostet und nur minimaler Anstrengung bedarf, ineffektiv sein muss (*Das bringt doch nichts!*). Oft leitet der Glaube an *Preiseffizienz* auch im Gesundheitsbereich das Denken: Je kostspieliger eine medizinisch-psychologische Intervention ist, als desto wirksamer wird sie wahrgenommen. Die Unwissenheit über die wissenschaftliche Evidenz könnte das ablehnende Verhalten weiter verstärken. Inzwischen haben zahlreiche sorgfältig durchgeführte Studien nachgewiesen, dass die regelmäßige Praxis von Dankbarkeit das allgemeine Wohlbefinden steigern kann.

Darüber hinaus unterschätzen Menschen oft den positiven Effekt einer Dankbarkeitsbekundung auf den Wohltäter. Dies könnte die Motivation vermindern, diese reziproke Handlung durchzuführen.[360] Zeitgemäße Untersuchungen machen diesbezüglich deutlich, dass Menschen das Ausmaß der Auswirkungen ihres prosozialen Engagements nicht genau kennen. Zum Beispiel unter- oder fehleinschätzen sie die positiven Auswirkungen von Komplimenten an andere, was dazu beitragen kann, dass sie, wenn möglich, lieber auf sie verzichten.[361] Auch bremsende Überlegungen, wie einen Fremden nicht belästigen zu wollen oder die nicht selten falsche Vermutung, dass Fremde es bevorzugen, nicht zu interagieren, könnte Menschen davon abhalten, im Alltag Komplimente zu machen. Auch soziale Normen spielen hier eine Rolle. Ferner könnte Unsicherheit hinsichtlich der eigenen Kommunikationskompetenz ein weiterer Grund sein, von dieser wohltuenden sozialen Aktivität abzusehen.[362]

Zustimmung und generell positive Rückmeldungen sind jedoch ein wichtiger Bestandteil des sozialen Lebens, vor allem, weil sie das grundlegende Bedürfnis der Menschen nach Zugehörigkeit erfüllen.[155] Komplimente und aufrichtige Dankbarkeitsbekundungen sind daher im sozialen Alltag von grundlegender Bedeutung, weil sie die soziale Akzeptanz fördern. Diese ist wiederum von grundlegender Bedeutung für das Selbstwertgefühl und die psychische Gesundheit der Menschen, was sich unmittelbar auf ihr Wohlbefinden auswirkt. Komplimente und das aufrichtige Ausdrücken von Dankbarkeit sind ein wichtiger Teil der täglichen Konversation und bringen sowohl Fremde als auch Freunde durch die freundlichen Worte näher. Sie versüßen den Tag und machen ein gutes Gefühl. Sie verstärken auch das positive Selbstbild des Empfängers oder der Empfängerin. Darüber hinaus kann eine Zunahme der sozialen Unterstützung als Folge erhöhter Dankbarkeit zu Veränderungen der kognitiven Einschätzung über sich selbst (z. B. Selbstwertgefühl) und andere Menschen in der Umwelt führen (z. B. werden die Handlungen anderer positiver interpretiert).

15.3 Können Dankbarkeitsinterventionen schaden?

Aus einer Studie von Sergeant & Mongrain wissen wir, dass Dankbarkeitsinterventionen manchmal auch kontraproduktiv sein könnten. Bei depressiven Personen, die sich im zwischenmenschlichen Bereich als „bedürftig" einstuften, wurde nach Ende der Intervention eine Verringerung des Selbstwertempfindens festgestellt.[363] Es ist auch denkbar, dass Personen, die stark zur Unterwürfigkeit neigen, durch übermäßiges Praktizieren von Dankbarkeit noch weiter an Selbstvertrauen einbüßen. Abgesehen von diesen möglichen Ausnahmen weisen Dankbarkeitsinterventionen keine negativen Effekte auf, ganz im Gegenteil.

16.
Dankbarkeit und schulische/akademische Leistungsfähigkeit

Der Erfolg in Schule und im Studium weist einen immens wichtigen Stellenwert im Leben der meisten jungen Menschen auf. Nur, welche Faktoren sagen die schulischen und akademischen Leistungen von Schüler*innen und Studenten/Studentinnen voraus? Einerseits sind die kognitiven Fähigkeiten ein wichtiger Prädiktor.[364, 365] Neben der Intelligenz spielen verschiedene nicht kognitive Faktoren ebenfalls eine wesentliche Rolle, wie vor allem Studien mit Studenten und Studentinnen gezeigt haben.[364, 366–369] Dazu gehören Denkweisen wie Selbstwirksamkeit, akademische Ausdauer, d. h. die Beharrlichkeit, nicht aufzugeben, Gewissenhaftigkeit/Pflichtbewusstsein, Lernstrategien wie Zeitmanagement und selbstreguliertes Lernen, soziale Kompetenzen wie zwischenmenschliche Fähigkeiten und Empathie oder akademisches Verhalten wie beispielsweise der Klassenbesuch oder das Erledigen der Hausaufgaben.

In einer umfangreichen Metaanalyse aus dem Jahr 2004 zu psychosozialen- und Lernfähigkeitsfaktoren waren am stärksten die Fähigkeit der akademischen Selbstwirksamkeit und die akademisch bezogene Motivation mit dem Studienerfolg korreliert.[367] Selbstwirksamkeit bezieht sich dabei auf die Erwartung oder Überzeugung, aufgrund eigener Kompetenzen eine Aufgabe erfolgreich zu absolvieren.[370] Selbstwirksame Studenten und Studentinnen sehen Schwierigkeiten und Stressoren gelassener entgegen und haben weniger Angst, da sie ihren Kompetenzen vertrauen. Auf der anderen Seite ist Ängstlichkeit ein limitierender Faktor für den Studienerfolg, ebenso wie die Prokastination, also die Tendenz, die zu erledigenden Aufgaben aufzuschieben.[369]

Auch positive Emotionen wie Dankbarkeit können indirekt den Studienerfolg beeinflussen.[371]

Mehrere frühere Untersuchungen zeigten diesbezüglich, dass positives Leistungsfeedback die intrinsische Motivation fördert, während negatives Leistungsfeedback das Gegenteil bewirkt.[372, 373] Positive Rückmeldungen und Wertschätzung sind das Lebenselixier eines jeden Menschen. Sie schaffen altersunabhängig Wohlbefinden und Selbstvertrauen und geben Kraft und Energie, mit Freude an Dingen dranzubleiben. Leider muss sich der Mensch deutlich öfter selbst auf die Schulter klopfen, als dass es von außen geschieht. Neid, Gleichgültigkeit, Konkurrenzdenken, die Gründe dafür sind divers. Ein Umdenken wäre jedoch notwendig. Zumindest ist im Vergleich zu früher der *Booster-Effekt* von Motivation und Wertschätzung auf den Einzelnen besser bekannt und erforscht.

Auch bei Schüler*innen offenbarte eine Metaanalyse, dass Dankbarkeit als positive Emotion nicht nur mit sozialer Integration und verschiedenen Faktoren des subjektiven Wohlbefindens wie Lebenszufriedenheit und Glück korreliert,[374] sondern sie verbessert – anlehnend an einzelne Studien – auch deren Motivation.

Armenta et al.[375] führten beispielsweise eine Untersuchung durch, in der Schüler*innen der 9. und 10. Klassen (Durchschnittsalter von etwa 15 Jahren) gebeten wurden, vier Wochen lang wöchentlich zehn Minuten damit zu verbringen, einen Dankesbrief an Eltern, Freunde etc. zu schreiben, die entweder nett zu ihnen gewesen waren oder die sie hinsichtlich ihrer Gesundheit (gesundes Essen, Ratschläge) oder beim Lernen unterstützt hatten. Die Schüler*innen in der Kontrollgruppe wurden gebeten, nur ihre täglichen Aktivitäten zu notieren. Nach vier Wochen zeigten Schüler*innen der Dankbarkeitsbedingung mehr Lebenszufriedenheit und waren auch motivierter, ihre Leistung zu steigern bzw. gesünder zu leben. Weitere Analysen zeigten, dass die sogar drei Monate nach Ende der Intervention vorhandenen positiven Effekte teilweise durch ein höheres Gefühl der Verbundenheit und Dankesschuld vermittelt wurden.

In einer japanischen Studie wurden die Auswirkungen einer zweiwöchigen Online-Dankbarkeitsjournal-Intervention auf die Motivation von 84 Studenten und Studentinnen untersucht.[376] Die Teilnehmenden der Dankbarkeitsgruppe wurden instruiert, einmal täglich bis zu fünf Dinge aufzulisten, für die sie dankbar waren. Sie wurden auch gebeten, verschiedene Aspekte ihres täglichen Lebens zu bewerten. Die Teilnehmenden der Kontrollgruppe wurden lediglich aufgefordert, tägliche Selbstevaluationen durchzuführen. Die Ergebnisse zeigen, dass Teilnehmende, die sich regelmäßig mit der Dankbarkeitsjournalaufgabe beschäftigten, im Vergleich zur Kontrollgruppe signifikante Verbesserungen in der akademischen Motivation aufwiesen.

Auch unter mehr als 1000 US-amerikanischen Gymnasiasten und Gymnasiastinnen ging Dankbarkeit mit einem höheren Notendurchschnitt, sozialer Integration, weniger Neidgefühlen und depressiver Symptomatik einher.[291]

Mechanistisch gesehen, könnten Theorien zufolge positive Emotionen den Dopaminspiegel von Individuen erhöhen, was ihren kognitiven Spielraum erweitern könnte.[377] Dadurch könnte nach Fredricksons *Broaden-and-Build-Theorie* (vgl. S. 45) Dankbarkeit gegebenenfalls zu kreativeren Gedanken anregen, sodass sich schlussendlich Schüler*innen und Studenten/Studentinnen intensiver mit den Lernaufgaben befassen.

Zusammenfassend lässt sich also sagen: Dankbarkeit schafft Wohlbefinden, puffert Stress ab und motiviert, ein gutes Leben zu führen. Diese positiven Auswirkungen der dankbaren Einstellung sind eine gute Voraussetzung für Erfolg.

17. Wann ist Dankbarkeit schlecht?

Dankbarkeit ist nicht immer von Vorteil, ist nicht nur eindimensional gut, sondern sie hat unter gewissen Umständen auch eine bittere Komponente, eine Schattenseite.[378]

Dankesbekundungen in missbräuchlichen Beziehungen oder für Leistungen, die von ansonsten ausbeuterischen Institutionen erbracht werden, sind bekannte Beispiele dafür, wann das Danken unangebracht sein kann. Hinsichtlich Letzterem können Dankbarkeitsnormen zur Rechtfertigung von Einschränkungen der Autonomie benachteiligter Gruppen dienen. Personen in höheren Machtpositionen neigen eventuell mehr dazu als niedriger gestellte, die Kompetenz anderer herabzusetzen, wenn ihre eigene Kompetenz bedrohlich infrage gestellt wurde. Diese Tendenz ist jedoch geringer, wenn ihnen Untergebene für frühere Unterstützung danken, als wenn sie keinen Dank erhalten.[379] Daher bedanken sich in der sozialen Hierarchie schlechter positionierte Menschen unter Umständen sogar bei unfairen Wohltätern und Wohltäterinnen, um einer Bestrafung zu entgehen.

Stellen Sie sich diesbezüglich folgendes fiktives Beispiel vor:
Der Chefarzt eines Landkrankenhauses erhält monatlich erhebliche Honorare von Privatpatienten und Privatpatientinnen *(Sonderklasse)*, die auch von Ober- und Assistenzärzten und -Ärztinnen auf der Station

mitbetreut werden. Sein Vertrag schreibt ihm diesen Verdienst allein zu. Aber aus Kulanz teilt er ein Drittel des Extraverdienstes auf die Kolleginnen und Kollegen auf. Obwohl die Ärzteschaft die Situation kennt und den Aufteilungsschlüssel als unfair empfindet, bedanken sich die meisten aus Furcht vor möglichen Konflikten beim Chef. Ein Oberarzt, nennen wir ihn Dr. Welser, weigert sich jedoch zu danken, weil ihn dieser Umstand seit Jahren schon ärgert. Er sieht nicht ein, warum er für seine Extra-Arbeit nicht gerechter honoriert wird.

Würde man Dr. Welser als undankbar bezeichnen? Mitnichten. Rechtlich gesehen ist die Geste des Chefarztes eine freiwillige Leistung und somit eine Wohltat, vom moralischen Aspekt her erscheint sie jedoch fragwürdig. Dr. Welsers Undankbarkeit könnte Konsequenzen haben, was die Verlängerung seines Vertrags wie auch das Arbeitsklima insgesamt anbetrifft. Seine Dankbarkeit hingegen würde die Vorgehensweise des Chefarztes absegnen und ihm Zustimmung signalisieren. Diese schwierige Situation erfordert möglicherweise ein konstruktives Gespräch in der Ärzterunde, um eine gemeinsame Lösung zu finden.

Auch von Asylsuchenden wird immer wieder gefordert, dankbar zu sein. Grundsätzlich wäre dies zu begrüßen, doch bei genauer Betrachtung könnte das Bekunden von Dankbarkeit ein Abhängigkeitsverhältnis und Unterwürfigkeit hervorrufen und ein Anderssein von Asylanten implizieren. Dem Staat für ihnen gewährte Rechte zu danken, die ihnen von Natur aus zustehen, könnte den Eindruck erwecken, dass gleiche Rechte für Benachteiligte ein Geschenk und keine Selbstverständlichkeit darstellen.

Den Bürgern in liberalen Demokratien wird immer wieder von einzelnen Politikern klargemacht, dass sie für die zahlreichen Rechte und Freiheiten, die sie genießen, dankbar sein sollten. Wenn sich Kinder in wohlhabenden Ländern über ihr Leben beschweren, ziehen ihre Eltern auch nicht selten Vergleiche zu Kindern in ärmeren Ländern *(Denk an*

17. Wann ist Dankbarkeit schlecht?

die hungernden Kinder in Afrika), um sie zu ermutigen, ihre Privilegien mehr zu schätzen.

Jedoch könnten generalisierte Dankbarkeitsnormen Bürger davon abhalten, ihre Unzufriedenheit z. B. über unangemessene Vergünstigungen zu äußern aber auch Mängel und Ungerechtigkeiten im System anzuprangern.[380]

Dankbarkeit sollte angemessen, realistisch und abhängig von Situation und Person gewünscht bzw. verlangt werden. Sie sollte nicht zu einer allgemeinen Floskel verkommen, die bei der Zielperson Unwohlsein verursacht.

Zusammenfassend hört Dankbarkeit auf, gut zu sein, wenn die Ausübung von Macht in vertikalen Beziehungen eine Rolle spielt. Andererseits hilft Dankbarkeit dem/der Empfänger*in einer dankeswürdigen Wohltat, die *nicht* auf Macht- oder anderen Selbstinteressen beruht, einen würdevollen Ausgleich zum *Machtgefälle* zwischen dem/der Wohltäter*in und dem/der Empfänger*in zu schaffen.

17.1 Schuldgefühle durch Dankbarkeit

Dankbarkeit sollte nicht Schuldgefühle auslösen. Dies bedeutet, sich einem Wohltäter oder einer Wohltäterin gegenüber verpflichtet zu fühlen (als *indebtedness* in der englischsprachigen, psychologischen Literatur bezeichnet), oder in der stärkeren Ausprägung einfacher ausgedrückt: Schuldgefühle sind negative Emotionen, die entstehen, wenn Menschen Hilfe von anderen erhalten und sich verpflichtet fühlen, diese *Schulden* zurückzuzahlen.[342, 381, 382]

Das Gefühl der Verpflichtung kann aversive Auswirkungen auf das persönliche Wohlbefinden aufweisen, vor allem Unbehagen auslösen[342], aber unter Umständen auch eine Verringerung des Selbstwertgefühls oder auch eine Beeinträchtigung der Autonomie bewirken. Daher versuchen wir, sie zu vermeiden. Das Gefühl der Dankesschuld kann außerdem paradoxerweise zu einer negativen Bewertung des Wohltäters oder der Wohltäterin führen.[342] Dies könnte bei sehr autonom denkenden Menschen, die dazu neigen, Hilfe abzulehnen, durchaus relevant sein (vgl. auch S. 36 zu Autonomie und Dankbarkeit).

Eine Studie mit 275 chinesischen Jugendlichen machte deutlich, dass Dankbarkeitsinterventionen, die an Fremde gerichtet waren, unabhängig von der wahrgenommenen sozialen Distanz, Gefühle der Verpflichtung gegenüber dem Geber bzw. der Geberin auslösten.[381] Die Ausprägung dieses Gefühls der Verpflichtung gegenüber dem/ die Wohltäter*in weist auch eine kulturelle Komponente auf.[382] Beispielsweise sind Dankbarkeitsinterventionen, wie das Schreiben eines Dankbarkeitsbriefs, bei Südkoreanern nicht so effektiv wie bei US-Amerikaner*innen.[383] Dies liegt zum Teil daran, dass solche Interventionen bei Ostasiaten negative Emotionen wie eben „indebtedness" hervorrufen kann.

In einem direkten Vergleich zwischen Latino-US-amerikanischen Studenten und Studentinnen, die meisten davon Mexikaner*innen, und Studenten und Studentinnen mit ostasiatischem Background zeigte sich ebenfalls, dass die lateinamerikanischen Studenten und Studentinnen eine deutlich stärkere Haltung zu Dankbarkeit zeigten und Dankbarkeit auch öfter zum Ausdruck brachten.[384] Generell war in der Studie eine höhere Disposition, dankbar zu sein, mit weniger Gefühlen von Einsamkeit, einem höheren Selbstwertgefühl und geringerem wahrgenommenem Stress assoziiert.

Ostasiaten*innen, deren Kultur im Gegensatz zum westlich ausgeprägten Individualismus kollektivistisch orientiert ist, wollen ihre Freunde oder Familie nicht belasten, und der Erhalt sozialer Unterstützung von Verwandten und Bekannten bedeutet für sie sowohl, in

17. Wann ist Dankbarkeit schlecht?

der Verpflichtung von jemandem zu stehen, wie auch Dankbarkeit ausdrücken zu müssen.[383, 385]

Schuldgefühle könnten insbesondere auch nach Erhalt von großen Wohltaten, wie z. B. Organtransplantationen entstehen. Das mit der Dankbarkeit verbundene Gefühl der Schuld kann dabei für den/die Empfänger*in eine große Belastung darstellen und ihn/sie unter Umständen zweifeln lassen, ob er/sie überhaupt ein solches Geschenk verdient hat.[386, 387] Bei der Lebendspende von Organen sind sich die Beteiligten in der Regel bekannt (normalerweise aus dem nächsten Kreis des Empfängers oder der Empfängerin) und theoretisch in der Lage, Dankbarkeit einzufordern.[388] Das Gefühl der Verpflichtung des Empfängers oder der Empfängerin gegenüber dem/der Spender*in könnte in seltenen Fällen auch zu negativen Emotionen wie Abneigung führen, unter anderem dann, wenn dem/der Empfänger*in deutlich kommuniziert wird, mit seinem *Geschenk* sorgsam und wertschätzend umzugehen, wie einem gesunden Lebensstil zu folgen oder sogar ein tugendhaftes Leben zu führen.[389]

Das Ziel der Organspende sollte es jedoch sein, dem/der Empfänger*in ein normales Leben zu ermöglichen. Wenn man den Organempfänger*innen spezielle Pflichten auferlegt, suggeriert dies, dass ihr Leben als etwas Besonderes betrachtet wird und sie daher im Vergleich zu *durchschnittlichen Bürgern* weniger frei wären, ihr Leben selbst zu gestalten. Diese Last könnte sie in chronischen Stress versetzen und auf Dauer unglücklich machen.

Andererseits kann Dankbarkeit auch eine Möglichkeit sein, dem/der Spender*in zu signalisieren: *Du und deine Gesundheit sind mir wichtig und ich wertschätze das Risiko, dass du für mich eingegangen bist.* Fehlende Dankbarkeit hingegen kann darauf hindeuten, dass der/die Empfänger*in dieses Risiko ignoriert und sich nicht ausreichend um das Wohlergehen des Spenders oder der Spenderin kümmert.

17.2 Macht Dankbarkeit gehorsam?

Gefühle von Dankbarkeit könnten Menschen auch fügsamer machen, wie in der folgenden höchst ausgefallenen Studie vermutet wird.[390]

Für das Experiment wurden die Probanden und Probandinnen in drei Gruppen geteilt. Diejenigen, die sich in der *Dankbarkeitsbedingung* befanden, wurden aufgefordert, ein persönliches Ereignis, für das sie dankbar waren, aufzuschreiben, die Teilnehmenden der *Glücklich-Bedingung* ein glückliches Ereignis und die *neutrale Gruppe* ihre morgendliche Routine. Die Teilnehmenden erhielten dann die Anweisung, so viele lebendige Würmer wie möglich in eine Kaffeemühle zu stecken, um sie zu mahlen. Dabei wurde jedoch kein Wurm verletzt, was die Teilnehmenden nicht wussten. Es zeigte sich interessanterweise, dass diejenigen, die dazu veranlasst wurden, sich dankbar zu fühlen, bereit waren, mehr Würmer zu *töten* als diejenigen der anderen beiden Gruppen.

Experimentell induzierte Dankbarkeit versetzte demnach die Teilnehmenden in die Lage, einer anderen Spezies körperlichen Schaden zuzufügen, wenn der *Befehl* erteilt wurde. Was könnte der Grund hierfür gewesen sein?

Dankbarkeit aktiviert das Bedürfnis nach sozialer Harmonie, es ist der Wunsch, seinem Gegenüber, dem/der Wohltäter*in (in diesem Fall dem/der Studienleiter*in in der Rolle der Autorität), zu gefallen und daher dessen/ihren Wünschen zu entsprechen. Das könnte eine Rolle gespielt haben, denn diejenigen Probanden mit einer geringeren Ausprägung an sozialer Harmonie waren auch weniger gehorsam. Vielleicht ist eine dankbare Person, die einen geringeren Sinn für Autonomie und dafür eine höhere Neigung zu sozialer Nähe aufweist, eher bereit, die Kontrolle an eine Autorität abzugeben. Das starke Bedürfnis nach Zugehörigkeit könnte daher unter gewissen Umständen selbstbestimmtes, reflektiertes Handeln einschränken, wobei wahrscheinlich auch andere Faktoren, wie der Charakter, hier mit hineinspielen.

17.3 Dankbarkeit kann traurig machen

Dankbarkeit für eine Wohltat ist nicht immer nur mit Freude verbunden, sondern kann neben Schuldgefühlen manchmal auch Trauer auslösen. Der Philosoph Tony Manela hat in seiner Abhandlung „Negative feelings of gratitude" ein solches Beispiel aufgezeigt[12]:

Denken Sie an einen echten Akt der Wohltat, bei dem der/die Wohltäter*in ein großes Opfer bringt. Yonas und Robyn sind Mitarbeitende in einer Fabrik und bedienen gefährliche Maschinen. Eines Tages verfängt sich Yonas mit beiden Händen in einer Maschine. Robyn ist in der Nähe und merkt, dass Yonas beide Hände verlieren wird, wenn sie nichts unternimmt. Spontan und instinktiv tut sie das Einzige, was sie tun kann, um Yonas davor zu bewahren, beide Hände zu verlieren: Sie steckt eine ihrer eigenen Hände in die Maschine, sodass Yonas seine zurückziehen kann. Als Folge dadurch verliert Robyn jedoch ihre Hand.

Yonas wird keine Freude, kein Wohlbehagen oder andere positive Gefühle empfinden. Auch seine enorme Dankbarkeit als Reaktion auf dieses unglaubliche Opfer wird durch seine schmerzhafte Trauer auf unbestimmte Zeit überschattet werden.

In solchen Fällen stehen negative Emotionen im Vordergrund. Der/die Empfänger*in wird Freude oder Wohlgefühl empfinden, solange es seinem Wohltäter oder seiner Wohltäterin gut geht; auf der anderen Seite jedoch Trauer oder Wut (auf andere), wenn es dem Wohltäter oder der Wohltäterin schlecht geht. Dankbarkeit verursacht daher nicht immer positive Gefühle.

17.4 Dankbarkeit kann gegen moralische Normen verstoßen

Stellen Sie sich folgende Situation vor (anlehnend an[391] und[392]): Vor Kurzem hat Walter eine neue Stelle in einem Unternehmen angetreten und dort seinen Kollegen Peter kennengelernt. Walter und Peter führen in der Teeküche gelegentlich Small Talk miteinander. Eines Tages fragt Peter Walter, ob er am nächsten Wochenende Zeit für ein Treffen hätte. Walter teilt ihm mit, dass er umziehen wird. Peter bietet ihm daraufhin seine Hilfe an und opfert ihm sein freies Wochenende. Walter erspart sich dadurch viel Zeit und Mühe, und als er dann noch erfährt, dass Peter aufgrund seiner eigenen schlechten Erfahrung mit einem Umzug vermeiden wollte, dass sich Walter unnötig abquält, ist er ihm gegenüber besonders dankbar.

Zwei Wochen später, an einem Donnerstag, kommt Peter nicht zur Arbeit. Walter ist bekannt, dass Peter, ohne einen Urlaub eingereicht zu haben, shoppen gegangen ist. Walters Chef ist verärgert und fragt ihn nach dem Verbleib von Peter.

Wie würden Sie reagieren? Die Wahrheit sagen oder den Chef anlügen? In diesem Fall muss jeder das Für und Wider für Aufrechterhalten oder Gefährden einer persönlichen Beziehung abwägen, d. h. die Vertuschung des Grundes für die Abwesenheit des Wohltäters, dem man dankbar ist, oder Gehorsam gegenüber der Institution, der Norm der Ehrlichkeit und Schadensvermeidung folgend.

Sind demnach dankbare Menschen eher bereit, die weithin akzeptierten moralischen Werte von Wahrheit und Gerechtigkeit zu verletzen, um personliche Beziehungen nicht zu gefährden bzw. sogar zu stärken? Dieser Frage wurde, anlehnend an das Beispiel von Walter und Peter, in einer aufwendigen psychologischen Studie von Ruida Zhu et al. nachgegangen[391], und es konnte gezeigt werden, dass die Befragten

17. Wann ist Dankbarkeit schlecht?

in der Dankbarkeitsbedingung eher bereit waren zu lügen, um den Wohltäter zu schützen, als in einer Kontrollbedingung, in der keine Dankbarkeit hervorgerufen wurde.

Aber es ist generell nicht leicht zu beantworten, ob dankbare Menschen ihre Wohltäter oder evtl. sogar auch nahe Bezugspersonen um den Preis der Verletzung moralischer Normen schützen würden. Das Lügen oder Nichtlügen in einer solchen Situation bleibt jedenfalls eine moralisch komplexe Entscheidung, die einen Konflikt darstellt, dem sich jeder selbst stellen muss.

Den Chef anzulügen, bedeutet im obigen Beispiel, seinen Wohltäter zu begünstigen, der sich vor der Arbeit drückt und der einem vielleicht durch diese Lüge in einer anderen Situation den Gefallen erwidern würde. Auf der anderen Seite heißt die Wahrheit zu sagen, dass man sich für die Ordnung und Werte des Unternehmens entscheidet, was für die Entwicklung des Unternehmens förderlich ist und langfristig allen Mitgliedern des Unternehmens zugutekommen kann. Was wäre, wenn zum Beispiel an dem besagten Donnerstag Peters unentschuldigtes Fehlen die Konsequenz hätte, dass ein Kollege oder eine Kollegin dessen Arbeit übernehmen müsste und dabei Fehler macht, die schlussendlich dazu führen, dass der Firma ein Schaden entsteht?

Studien haben auch aufgezeigt, dass Mitgefühl die Tendenz zu lügen begünstigt.[393] Dankbare Menschen verstoßen zwar unter Umständen gegen moralische Normen, um ihre Wohltäter*innen zu schützen, aber sie lehnen auf der anderen Seite moralische Verstöße ab, wenn diese Dritten schaden.[391] Wenn zum Beispiel Walter bekannt wäre, dass durch die Abwesenheit von Peter ein anderer Kollege oder eine Kollegin zur Rechenschaft gezogen wird, würde er wahrscheinlich nicht lügen.

17.5 Stillstand durch Dankbarkeit?

Tiefe, nachhaltige Dankbarkeit hat das Potenzial, konstantes Wohlbefinden zu schaffen. Diese durchaus denkbare, durchgehende Zufriedenheit mit dem eigenen Leben als Ganzes *könnte* jedoch verhindern, dass man neue Dinge ausprobiert, nach Veränderung sucht und sich weiterentwickelt, da kein Bedarf besteht, sich aus der *gesetzten* Position herauszubewegen und aktiv zu werden. Dankbarkeit als Bremse für Neues? Obwohl es nur eine theoretische Überlegung ohne wissenschaftlichen Hintergrund darstellt, ist dieser Gedanke nicht ganz von der Hand zu weisen. Wenn ich für alles dankbar bin, begebe ich mich möglicherweise nicht mehr auf die Suche, weil ich mich angekommen fühle. Ein schönes Gefühl, das aber auch Stagnation bedeuten könnte. Eine gewisse Unzufriedenheit ist manchmal notwendig, um in Bewegung zu bleiben, die Perspektive zu ändern, dem Fluss des Lebens neue Wege zu eröffnen. Daher könnte ein Nachteil von grenzloser Dankbarkeit und damit verbunden eines – überspitzt formuliert – wunschlos glücklichen Lebens Stillstand sein.

18. Kulturelle Aspekte der Dankbarkeit

Dankbarkeit ist ein Phänomen, das in verschiedenen Kulturen unterschiedliche Formen aufweist. Die Kultur hat einen deutlichen Einfluss darauf, wie Gaben aufgenommen werden, ob Freude, Scham oder Schuldgefühle empfunden werden und ob schließlich daraus im klassischen Sinn ein *Danke* resultiert.[17]

Dankbarkeit, wie wir es in Westeuropa empfinden, ist daher nicht überall gleich auf der Welt. Im japanischen Kontext z. B. dient *sumimasen* als ein gängiges Wort, sich zu entschuldigen oder sich zu bedanken. Es ist auch ein Ausdruck der Demut, dass man Mühe verursacht hat bzw. jemandem zur Last gefallen ist. Statt dem einfachen *Danke – arigatou* wird daher oft auch *vielen Dank/tut mir leid* gesagt – *doumo sumimasen*.

Im Arabischen hingegen wird Dank öfter durch *shukran* oder *barakAllahu feek(i) – Möge der Segen Allahs mit dir sein* ausgedrückt und bezieht sich daher auf die göttliche Instanz. Auch im Arabischen wird häufiger *Verzeihung* verwendet, wo im Englischen oder Deutschen ein *Danke* erwartet werden würde. Die empfangene Wohltat wird dabei in einen religiösen Kontext gestellt.

Bei den Inuit ist es wiederum anders. Über den Inuit Soraq schreibt der dänische Journalist und Anthropologe Peter Freuchen (1886–1957), dass er von ihm aufgeklärt wurde, dass Danken Abhängigkeit schafft und daher nicht erwünscht ist. Frei übersetzt erklärte der Inuit:

„Ihr müsst euch nicht für euer Fleisch bedanken; es ist euer Recht, Teile davon zu bekommen. In diesem Land möchte niemand von anderen abhängig sein. Deshalb gibt es niemanden, der Geschenke gibt oder bekommt, denn dadurch wird man abhängig. Mit Geschenken macht man Sklaven, so wie man mit Peitschen Hunde macht."[17]

In Indien gilt dem Religionswissenschaftler und Schriftsteller Martin Kämpchen zufolge das *thank you* als „gekünstelt und dem Westen abgeschaut"[394] – als ein klassischer westlicher Import, der in Kreisen, die noch ursprünglich sind, selten verwendet wird. *Dankeschön* zu sagen, sei eine „leere Routine". „Man müsse sich dankbar *fühlen*, Dankbarkeit dauernd in Worte auszudrücken, entwerte sie".[394]

Eine internationale Studie in acht verschiedenen Ländern auf fünf Kontinenten mit unterschiedlichen Sprachen zeigte ebenfalls, dass in der Kommunikation im täglichen Leben ein klassisches *Danke/Danke sehr* auf erhaltene Güter, Dienstleistungen oder Unterstützung von jemand anderem selten ausgedrückt wird, wobei geringfügige kulturelle Unterschiede, mit leicht höheren Werten in England und Italien, messbar waren.[395] Daher sollte zwischen dem universellen Gefühl der Dankbarkeit auf der einen Seite und andererseits dem Kommunizieren von einem *Danke* unterschieden werden.

Alles in allem weist Dankbarkeit verschiedenste kulturelle Facetten und Unterschiede, sowohl in der Bedeutung, in der Auslegung als auch in der Kommunikation auf. Die Berücksichtigung dieser Aspekte kann bei Kontakt mit Menschen aus Ländern vor allem außerhalb der westlichen Kultur von Vorteil sein und das soziale Gefüge verbessern.

Epilog

Das Leben befindet sich in einem ständigen Wandel, im kontinuierlichen Auf und Ab, und es sucht nach Stabilität, um nicht aus dem inneren Gleichgewicht zu geraten. Diese wird auch durch Dankbarkeit gegeben. Sie ist neben anderen positiven Emotionen wie Glück und Freude elementar für ein gutes Leben und ein gesundes, nachhaltiges Miteinander in Zufriedenheit. Dankbarkeit bildet aber auch ein Reservoir, aus dem man in Phasen der Einsamkeit und Verzweiflung schöpfen kann und das einem ermöglicht, die Hoffnung nicht zu verlieren. Das Praktizieren von Dankbarkeit kann dabei Stress dämpfen und helfen, Krisen und Konflikte leichter zu bewältigen.

Obwohl Dankbarkeit grundlegend ist, bedeutet es nicht, Dankbarkeit in jeder Situation praktizieren zu müssen. Ein psychisch gesunder, gut funktionierender Mensch setzt Dankbarkeit gezielt und fokussiert ein, er ist dankbar für erhaltene Wohltaten und bestimmte Aspekte seines Lebens und des Alltags, aber er nimmt manchmal auch Dinge übel und ärgert sich über egoistisches, rücksichtsloses Verhalten seines Umfelds. Dankbarkeit ist eine zutiefst menschliche Eigenschaft, aber sie duldet und vor allem verstärkt kein unmenschliches Verhalten. Sie hat ihre Grenzen.

Die menschliche Natur ist im Kern eine dankbare. Gefühlte, tiefergehende Dankbarkeit entzieht sich jedoch nicht selten dem Bewusstsein oder fällt auch immer wieder der Vergessenheit zum Opfer. Sie wieder zum Leben zu erwecken, auf die Bewusstseinsebene zurückzuholen und in den Alltag zu integrieren, kann für den Einzelnen viel mehr bewirken, als man annehmen würde.

Danksagung

Das vermeintlich Einfachste und zugleich Anspruchsvollste in einem Buch über Dankbarkeit ist paradoxerweise, die Danksagung zu verfassen. Einfach deshalb, weil alles, wofür der Autor dankbar ist, klar vor ihm liegen sollte. Gleichzeitig kann dies eine anspruchsvolle Aufgabe sein, da der Druck entstehen könnte, die Danksagung perfekt zu gestalten und niemanden, insbesondere keinen bedeutenden Menschen auszulassen. Auch die richtige Reihenfolge der Nennung könnte stressig sein, besonders nach der Erwähnung der wichtigsten Adressaten. Alles in allem eine undankbare Herausforderung.

Daher möchte ich mich kurzhalten und neben meiner Familie allen Dank aussprechen, die mich maßgeblich auf meinem Lebensweg begleitet, mir Freude und Wohlbefinden geschenkt, oder mich in meiner Persönlichkeitsentwicklung unterstützt haben.

Gesondert möchte ich mich bei meinem Freund und Kollegen Ao. Univ. Prof. Gerhard Blasche, Psychologe, für die kritische Durchsicht des Skriptes und seine wertvollen Kommentare bedanken. Ebenso gebührt besonderer Dank meinem Verleger Bernhard Borovansky für seine langjährige Freundschaft und sein Vertrauen (in dieses Buch) sowie meiner Lektorin, Nikoletta Kiss, für die angenehme und produktive Zusammenarbeit.

Quellenverzeichnis

1. Grün A.: Spiritualität der Dankbarkeit. Moment. 2017; 147.
2. P. W. P.: The minister as diagnostician; Personal problems in pastoral perspective. Westminster John Knox Press. 1976.
3. Lavelock C. R., Griffin B. J., Worthington E. L. et al.: A Qualitative Review and Integrative Model of Gratitude and Physical Health. J Psychol Theol. 2016; 44(1): 55–86.
4. Boggiss A. L., Consedine N. S., Brenton-Peters J. M. et al.: A systematic review of gratitude interventions: Effects on physical health and health behaviors. J Psychosom Res. 2020; 135.
5. Emmons R. A., McCullough M. E.: Counting blessings versus burdens: An experimental investigation of gratitude and subjective well-being in daily life. J Pers Soc Psychol. 2003; 84(2): 377–389.
6. Wood A. M., Froh J. J., Geraghty A. W. A.: Gratitude and well-being: A review and theoretical integration. Clin Psychol Rev. 2010; 30(7): 890–905.
7. Lambert N. M., Graham S. M., Fincham F. D.: A Prototype Analysis of Gratitude: Varieties of Gratitude Experiences. Pers Soc Psychol B. 2009; 35(9): 1193–1207.
8. McCullough M. E., Emmons R. A., Tsang J. A.: The grateful disposition: A conceptual and empirical topography. J Pers Soc Psychol. 2002; 82(1): 112–127.
9. Nisters T.: Dankbarkeit in dichten und losen Gemeinschaften. ZEMO. 2021; 4: 397–406.
10. Manela T.: Gratitude. The Stanford Encyclopedia of Philosophy. https://plato.stanford.edu/entries/gratitude/. 2019.
11. Manela T.: Gratitude and Appreciation. Am Philos Quart. 2016; 53(3): 281–294.
12. Manela T.: Negative Feelings of Gratitude. J Value Inquiry. 2016; 50(1): 129–140.
13. Walker A. D.: Gratefulness and Gratitude. Proceedings of the Aristotelian Society. 1981; 81: 39–56.
14. Roberts R. C.: The Blessings of Gratitude: A Conceptual Analysis. In: The psychology of gratitude. Edited by Emmons RA, McCullough ME. New York, NY: Oxford University; 58–68, 2004.

15. Carr D.: From Gratitude to Lamentation: On the Moral and Psychological Economy of Gift, Gain and Loss. Journal for the Theory of Social Behavior. 2016; 46(1): 41–59.
16. Nisters T.: Dankbarkeit. Würzburg: Königshausen & Neumann, 2012.
17. Zöllner S.: Kultur der Dankbarkeit. Eine biblische und gesellschaftliche Reflexion, M.A.-Arbeit, Vertiefungsmodul Systematische Theologie, S. 6, 50ff.
https://d-nb.info/1151150568/34. 2016.
18. Raters M. L.: Von Gutmenschen, guten Menschen und geflüchteten Menschen. Dankbarkeit als Supererogation oder Pflicht? ZEMO. 2021; 4: 121–141.
19. Kant I.: Die Metaphysik der Sitten. Erstdruck Königsberg 1797. Entnommen aus: Hofenberg digital. Herausgegeben von Karl-Maria Guth, Berlin; 2016, basierend auf I. Kant, Werke in zwölf Bänden. Hg. Wilhelm Weischedel. Frankfurt am Main, Suhrkamp 1977; 223, 225, 248, 250, 315–318.
20. Raters M. L.: Einleitung: Jenseits der Pflicht? Einleitende Reflexionen zur Supererogation. Zeitschrift für Praktische Philosophie. 2017; 4: 107–116.
21. Weiss R.: The Moral and Social Dimensions of Gratitude. Southern J Philos. 1985; 23(4): 491–501.
22. Fitzgerald P.: Gratitude and justice. Ethics. 1998; 109(1): 119–153.
23. Smit H., Timmons M.: The Moral Significance of Gratitude in Kant's Ethics. Southern J Philos. 2011; 49(4): 295–320.
24. Van Hulzen M.: Gratitude and that which we cannot return: Critical reflections on gratitude. ZEMO. 2021; 4: 109–119.
25. Urmson J. O.: Saints and Heroes. In Essays in Moral Philosophy, 198–216. Ed. A. I. Melden. Seattle: Washington Press. 1958.
26. Heyd D.: Supererogation. Its Status in Ethical Theory. Cambridge Univ. Press. 1982.
27. Raters M. L.: Das tue ich nicht, weil es nicht Pflicht ist. Das Argument der Supererogation und sein Unanständigkeitsproblem. Z Philos Forsch. 2020; 74(1): 80–104.
28. Pantel N.: Helden willkommen. Süddeutsche Zeitung. 28. Mai 2018.
29. Archer A.: Supererogation and Intentions of the Agent. Philosophia. 2013; 41(2): 447–462.
30. Archer A., Ridge M.: The heroism paradox: another paradox of supererogation. Philos Stud. 2015; 172(6): 1575–1592.

31. Raters M. L.: Ich tat doch nur meine Pflicht! Das Heroismus-Paradox der Supererogation. Zeitschrift für Praktische Philosophie. 2020; 7: 43–68.
32. Seneca L. A.: Philosophische Schriften. Briefe an Lucilius, 1. Teil, Brief 1– 1; Leipzig : Meiner, 1924; : 347, 349, 351-353. www.digitale-sammlungen.de/de/view/bsb11171866?page=361.
33. Löschke J.: Intrinsically bad gratitude. ZEMO. 2021; 4: 73–89.
34. McConnell T.: Inapt gratitude: against expansionist views. ZEMO. 2021; 4: 91–108.
35. Frias A., Watkins P. C., Webber A. C. et al.: Death and gratitude: Death reflection enhances gratitude. J Posit Psychol. 2011; 6(2): 154–162.
36. Watkins P. C., Woodward K., Stone T. et al.: Gratitude and happiness: Development of a measure of gratitude, and relationships with subjective well-being. Soc Behav Personal. 2003; 31(5): 431–451.
37. Sato T., McCann D.: Vulnerability factors in depression: The facets of sociotropy and autonomy. J Psychopathol Behav. 1997; 19(1)(1): 41–62.
38. Parker S. C., Majid H., Stewart K. L. et al.: No thanks! Autonomous interpersonal style is associated with less experience and valuing of gratitude. Cognition Emotion. 2017; 31(8): 1627–1637.
39. Csikszentmihalyi M.: Flow: The psychology of optimal experience. Harper Perennial Modern Classics 2008.
40. Lanham M., Rye M., Rimsky L. et al.: How Gratitude Relates to Burnout and Job Satisfaction in Mental Health Professionals. Journal of Mental Health Counseling. 2012; 34: 341–354.
41. Portocarrero F. F., Gonzalez K., Ekema-Agbaw M.: A meta-analytic review of the relationship between dispositional gratitude and well-being Pers Indiv Differ. 2022; 187.
42. Toepfer S. M., Cichy K., Peters P.: Letters of Gratitude: Further Evidence for Author Benefits. J Happiness Stud. 2012; 13(1): 187–201.
43. Dickens L. R.: Using Gratitude to Promote Positive Change: A Series of Meta-Analyses Investigating the Effectiveness of Gratitude Interventions. Basic Appl Soc Psych. 2017; 39(4): 193–208.
44. Davis D. E., Choe E., Meyers J. et al.: Thankful for the little things: A meta-analysis of gratitude interventions. J Couns Psychol. 2016; 63(1): 20–31.
45. Kirca A., Malouff J. M., Meynadier J.: The Effect of Expressed Gratitude Interventions on Psychological Wellbeing: A Meta-Analysis of Randomised Controlled Studies. International Journal of Applied Positive Psychology. 2023; 8: 63–86.

46. Park N., Pererson C., Seligman M. E. P.: Strengths of character and well-being. J Soc Clin Psychol. 2004; 23(5): 603–619.
47. Emmons R. A., Mishra A.: Why Gratitude Enhances Well-being: What We Know, What We Need to Know. In: K. M. Sheldon, T. B. Kashdan & M. F. Steger (Hrg.), Designing Positive Psychology: Taking Stock and Moving Forward (S. 248–262). New York: Oxford University Press. 2012.
48. Cheng S. T., Tsui P. K., Lam J. H.: Improving mental health in health care practitioners: randomized controlled trial of a gratitude intervention. J Consult Clin Psychol. 2015; 83(1): 177–186.
49. O'Connell B. H., O'Shea D., Gallagher S.: Feeling Thanks and Saying Thanks: A Randomized Controlled Trial Examining If and How Socially Oriented Gratitude Journals Work. J Clin Psychol. 2017; 73(10): 1280–1300.
50. Wolfe W. L., Patterson K.: Comparison of a gratitude-based and cognitive restructuring intervention for body dissatisfaction and dysfunctional eating behavior in college women. Eat Disord. 2017; 25(4): 330–344.
51. Jans-Beken L., Jacobs N., Janssens M. et al.: Gratitude and health: An updated review. J Posit Psychol. 2020; 15(6): 743–782.
52. Salces-Cubero I. M., Ramirez-Fernandez E., Ortega-Martinez A. R.: Strengths in older adults: differential effect of savoring, gratitude and optimism on well-being. Aging Ment Health. 2019; 23(8): 1017–1024.
53. Southwell S., Gould E.: A randomised wait list-controlled pre-post-follow-up trial of a gratitude diary with a distressed sample. J Posit Psychol. 2017; 12(6): 579–593.
54. Ramirez E., Ortega A. R., Chamorro A. et al. A program of positive intervention in the elderly: memories, gratitude and forgiveness. Aging Ment Health. 2014; 18(4): 463–470.
55. Davidson K. W., Mostofsky E., Whang W.: Don't worry, be happy: positive affect and reduced 10-year incident coronary heart disease: the Canadian Nova Scotia Health Survey. Eur Heart J. 2010; 31(9): 1065–1070.
56. Sin N. L.: The Protective Role of Positive Well-Being in Cardiovascular Disease: Review of Current Evidence, Mechanisms, and Clinical Implications. Curr Cardiol Rep. 2016; 18(11): 106.

Quellenverzeichnis

57. Chida Y., Steptoe A.: The association of anger and hostility with future coronary heart disease: a meta-analytic review of prospective evidence. J Am Coll Cardiol. 2009; 53(11): 936–946.
58. Roest A. M., Martens E. J., de Jonge P. et al.: Anxiety and risk of incident coronary heart disease: a meta-analysis. J Am Coll Cardiol. 2010; 56(1): 38–46.
59. Boerner R. J.: Anxiety in elderly people – epidemiology, diagnostic features and therapeutic options. Fortschr Neurol Psychiatr. 2004; 72(10): 564–573.
60. DeWall C. N., Lambert N. M., Pond RS, et al. A Grateful Heart is a Nonviolent Heart: Cross-Sectional, Experience Sampling, Longitudinal, and Experimental Evidence. Soc Psychol Pers Sci. 2012; 3(2): 232–240.
61. Allen S.: The Science of Gratitude, Greater Good Science Center, 2018. https://ggsc.berkeley.edu/images/uploads/GGSC-JTF_White_Paper-Gratitude-FINAL.pdf.
62. https://www.wissenschaft.de/allgemein/die-gefuehlsbremse/.
63. Brickman P., Coates D., Janoff-Bulman R.: Lottery winners and accident victims: is happiness relative? Journal of personality and social psychology. 1978; 36(8): 917–927.
64. Lyubomirsky S., Sheldon K. M., Schkade D.: Pursuing happiness: The architecture of sustainable change. Rev Gen Psychol. 2005; 9(2): 111–131.
65. Fredrickson B. L.: The broaden-and-build theory of positive emotions. Philos Trans R Soc Lond B Biol Sci. 2004; 359(1449): 1367–1378.
66. Fredrickson B. L.: The role of positive emotions in positive psychology - The broaden-and-build theory of positive emotions. Am Psychol. 2001; 56(3): 218–226.
67. Schache K., Consedine N., Hofman P. et al.: Gratitude – more than just a platitude? The science behind gratitude and health. Brit J Health Psych. 2019; 24(1): 1–9.
68. Wood A. M, Joseph S., Linley P. A.: Coping style as a psychological resource of grateful people. J Soc Clin Psychol. 2007; 26(9): 1076–1093.
69. Baumeister R. F., Bratslavsky E., Finkenauer C. et al.: Bad Is Stronger Than Good. Rev Gen Psychol. 2001; 5: 323–370.
70. Yonelinas A. P., Ritchey M.: The slow forgetting of emotional episodic memories: an emotional binding account. Trends Cogn Sci. 2015; 19(5): 259–267.

71. Williams S. E., Ford J. H., Kensinger E. A.: The power of negative and positive episodic memories. Cogn Affect Behav Ne. 2022; 22(5): 869–903.
72. Garland E. L., Fredrickson B., Kring A. M. et al.: Upward spirals of positive emotions counter downward spirals of negativity: Insights from the broaden-and-build theory and affective neuroscience on the treatment of emotion dysfunctions and deficits in Psychopathology. Clin Psychol Rev. 2010; 30(7): 849–864.
73. Watkins P. C.: Gratitude and Subjective Well-Being, in: The Psychology of Gratitude, Emmons RA, McCullough ME Ed., Oxford Univ. Press 2004.
74. Lambert N. M., Fincham F. D., Stillman T. F.: Gratitude and depressive symptoms: The role of positive reframing and positive emotion. Cognition Emotion. 2012; 26(4): 615–633.
75. Diener E., Colvin C. R., Pavot W. G. et al.: The psychic costs of intense positive affect. J Pers Soc Psychol. 1991; 61(3): 492–503.
76. Armenta C. N., Fritz M. M., Lyubomirsky S.: Functions of Positive Emotions: Gratitude as a Motivator of Self-Improvement and Positive Change. Emot Rev. 2017; 9(3): 183–190.
77. Lin C. C.: Self-esteem mediates the relationship between dispositional gratitude and well-being. Pers Indiv Differ. 2015; 85: 145–148.
78. Rash J. A., Matsuba M. K., Prkachin K. M.: Gratitude and Well-Being: Who Benefits the Most from a Gratitude Intervention? Appl Psychol-Hlth We. 2011; 3(3): 350–369.
79. Martela F., Steger M. F.: The three meanings of meaning in life: Distinguishing coherence, purpose, and significance. J Posit Psychol. 2016; 11(5): 531–545.
80. Heintzelman S. J., King L. A.: Life Is Pretty Meaningful. Am Psychol. 2014; 69(6): 561–574.
81. Loi N. M., Ng D. H.: The Relationship between Gratitude, Wellbeing, Spirituality, and Experiencing Meaningful Work. Psych 2021; 3: 85–95.
82. Waudell J.: A Proposed Pilot Study of a Gratitude Practice Program to Increase Gratitude among Educators: The First Step Towards Exploring the Potential of Gratitude Practice to Increase Work Engagement and Buffer against and Decrease Burnout. Int J Child Youth Fa. 2016; 7(2): 275–306.

83. Kleiman E. M., Adams L. M., Kashdan T. B. et al.: Grateful individuals are not suicidal: Buffering risks associated with hopelessness and depressive symptoms. Pers Indiv Differ. 2013; 55(5): 595–599.
84. Maumus M.: Gratitude and Suicide. Ochsner J. 2022; 22(1): 3–5.
85. Rey L., Quintana-Orts C., Merida-Lopez S. et al.: Being Bullied at School: Gratitude as Potential Protective Factor for Suicide Risk in Adolescents. Front Psychol. 2019; 10.
86. Petrocchi N., Couyoumdjian A.: The impact of gratitude on depression and anxiety: the mediating role of criticizing, attacking, and reassuring the self. Self Identity. 2016; 15(2): 191–205.
87. Herrman H., Stewart D. E., Diaz-Granados N. et al.: What Is Resilience? Can J Psychiat. 2011; 56(5): 258–265.
88. Cutuli J. J., Herbers J. E.: Resilience in the Context of Development: Introduction to the Special Issue. J Early Adolescence. 2018; 38(9): 1205–1214.
89. Emmons R. A., Shelton C. M.: Gratitude and the science of positive psychology. Handbook of positive psychology, 18, 459–471. 2002.
90. Mary E. M., Patra S.: Relationship between forgiveness, gratitude and resilience among the adolescents. Indian Journal of Positive Psychology. 2015; 6: 63–68.
91. Llenares I. I., Deocaris C. C., Espanola M. et al.: Gratitude Moderates the Relationship Between Happiness and Resilience. Int J Emot Educ. 2020; 12(2): 103–108.
92. Short C. A., Barnes S., Carson J. F. et al.: Happiness as a predictor of resilience in students at a further education college. J Furth High Educ. 2020; 44(2): 170–184.
93. Coffman S.: Parents' struggles to rebuild family life after Hurricane Andrew. Issues Ment Health Nurs. 1996; 17(4): 353–367.
94. Cattarin J. A., Thompson J. K., Thomas C. et al.: Body image, mood, and televised images of attractiveness: The role of social comparison. J Soc Clin Psychol. 2000; 19(2): 220–239.
95. Hagerty M. R.: Social comparisons of income in one's community: Evidence from national surveys of income and happiness. J Pers Soc Psychol. 2000; 78(4): 764–771.
96. Arigo D., Suls J. M., Smyth J. M.: Social comparisons and chronic illness: research synthesis and clinical implications. Health Psychol Rev. 2014; 8(2): 154–214.

97. Teasdale J. D., Fogarty S. J.: Differential effects of induced mood on retrieval of pleasant and unpleasant events from episodic memory. J Abnorm Psychol. 1979; 88(3): 248–257.
98. Seidlitz L., Diener E.: Memory for positive versus negative life events: theories for the differences between happy and unhappy persons. J Pers Soc Psychol. 1993; 64(4): 654–664.
99. Emmons R. A., Stern R.: Gratitude as a Psychotherapeutic Intervention. J Clin Psychol. 2013; 69(8): 846–855.
100. Nouwen H.: The return of the prodigal son. New York, NY: Doubleday. 1992; 84. Zitiert in Quelle 99.
101. Lee L. O., James P., Zevon E. S. et al.: Optimism is associated with exceptional longevity in 2 epidemiologic cohorts of men and women. Proceedings of the National Academy of Sciences of the United States of America. 2019; 116(37): 18357–18362.
102. Rozanski A., Bavishi C., Kubzansky L. D. et al.: Association of Optimism with Cardiovascular Events and All-Cause Mortality: A Systematic Review and Meta-analysis. JAMA Netw Open. 2019; 2(9): e1912200.
103. Jans-Beken L.: A Perspective on Mature Gratitude as a Way of Coping With COVID-19. Front Psychol. 2021; 12.
104. Luo M., Guo L., Yu M. et al.: The psychological and mental impact of coronavirus disease 2019 (COVID-19) on medical staff and general public – A systematic review and meta-analysis. Psychiat Res. 2020; 291: 113190.
105. Biber D. D., Melton B., Czech D. R.: The impact of COVID-19 on college anxiety, optimism, gratitude, and course satisfaction. J Am Coll Health. 2020.
106. Butler J., Jaffe S.: Challenges and Gratitude: A Diary Study of Software Engineers Working From Home During Covid-19 Pandemic. 2021 Ieee/Acm 43rd International Conference on Software Engineering: Software Engineering in Practice (Icse-Seip 2021), 2021; 362–363.
107. Fekete E. M., Deichert N. T.: A Brief Gratitude Writing Intervention Decreased Stress and Negative Affect During the COVID-19 Pandemic. J Happiness Stud. 2022; 1–22.
108. Cregg D. R, Cheavens J. S.: Gratitude Interventions: Effective Self-help? A Meta-analysis of the Impact on Symptoms of Depression and Anxiety. J Happiness Stud. 2021; 22(1): 413–445.

Quellenverzeichnis

109. Boals A.: The Use of Meaning Making in Expressive Writing: When Meaning Is Beneficial. J Soc Clin Psychol. 2012; 31(4): 393–409.
110. Pennebaker J. W.: Writing about emotional experiences as a therapeutic process. Psychol Sci. 1997; 8(3): 162–166.
111. https://ggsc.berkeley.edu/images/uploads/The_Gratitude_Adjective_Checklist.pdf.
112. Jiang D., Chiu M. M., Liu S.: Daily Positive Support and Perceived Stress During COVID-19 Outbreak: The Role of Daily Gratitude Within Couples. J Happiness Stud. 2022; 23(1): 65–79.
113. Dennis A., Ogden J.: Nostalgia, Gratitude, or Optimism: The Impact of a Two-Week Intervention on Well-Being During COVID-19. J Happiness Stud. 2022.
114. Mead J. P., Fisher Z., Tree J. J. et al.: Protectors of Wellbeing During the COVID-19 Pandemic: Key Roles for Gratitude and Tragic Optimism in a UK-Based Cohort. Front Psychol. 2021; 12.
115. Feng L. J,. Yin R.: Social Support and Hope Mediate the Relationship Between Gratitude and Depression Among Front-Line Medical Staff During the Pandemic of COVID-19. Front Psychol. 2021; 12.
116. Kim S. W., Park I. H., Kim M. et al.: Risk and protective factors of depression in the general population during the COVID-19 epidemic in Korea. BMC Psychiatry. 2021; 21(1): 445.
117. Längle A.: Hoffnung – Ausdruck der Liebe zum Leben. Leidfaden, Heft 1, 2017; 9–12.
118. Hill P. L., Allemand M., Roberts B. W.: Examining the pathways between gratitude and self-rated physical health across adulthood. Pers Indiv Differ. 2013; 54(1): 92–96.
119. Jackowska M., Brown J, Ronaldson A. et al.: The impact of a brief gratitude intervention on subjective well-being, biology and sleep. J Health Psychol. 2016; 21(10): 2207–2217.
120. Leavy B., O'Connell B. H., O'Shea D.: Gratitude, affect balance, and stress buffering: A growth curve examination of cardiovascular responses to a laboratory stress task. International journal of psychophysiology: official journal of the International Organization of Psychophysiology. 2023; 183: 103–116.
121. Mills P. J., Redwine L., Wilson K. et al.: The Role of Gratitude in Spiritual Well-Being in Asymptomatic Heart Failure Patients. Spiritual Clin Pract. 2015; 2(1)(1): 5–17.

122. Redwine L. S., Henry B. L., Pung M. A. et al.: Pilot Randomized Study of a Gratitude Journaling Intervention on Heart Rate Variability and Inflammatory Biomarkers in Patients With Stage B Heart Failure. Psychosom Med. 2016; 78(6): 667–676.
123. McCraty R., Atkinson M., Tiller W. A. et al.: The effects of emotions on short-term power spectrum analysis of heart rate variability. Am J Cardiol. 1995; 76(14): 1089–1093.
124. Tiller W. A., McCraty R., Atkinson M.: Cardiac coherence: a new, noninvasive measure of autonomic nervous system order. Altern Ther Health Med. 1996; 2(1): 52–65.
125. Seligman M. E., Steen T. A., Park N. et al.: Positive psychology progress: empirical validation of interventions. The American psychologist. 2005; 60(5): 410–421.
126. Jarrin D. C., Alvaro P. K., Bouchard M. A. et al.: Insomnia and hypertension: A systematic review. Sleep Med Rev. 2018; 41: 3–38.
127. Bathgate C. J., Fernandez-Mendoza J.: Insomnia, Short Sleep Duration, and High Blood Pressure: Recent Evidence and Future Directions for the Prevention and Management of Hypertension. Curr Hypertens Rep. 2018; 20(6): 52.
128. Meng L., Zheng Y., Hui R.: The relationship of sleep duration and insomnia to risk of hypertension incidence: a meta-analysis of prospective cohort studies. Hypertens Res. 2013; 36(11): 985–995.
129. Cappuccio F. P., D'Elia L., Strazzullo P. et al.: Quantity and quality of sleep and incidence of type 2 diabetes: a systematic review and meta-analysis. Diabetes Care. 2010; 33(2): 414–420.
130. Itani O., Jike M., Watanabe N. et al.: Short sleep duration and health outcomes: a systematic review, meta-analysis, and meta-regression. Sleep Med. 2017; 32: 246–256.
131. Spiegel K., Leproult R., Van Cauter E.: Impact of sleep debt on metabolic and endocrine function. Lancet. 1999; 354(9188): 1435–1439.
132. Booth J. N., Bromley L. E., Darukhanavala A. P. et al.: Reduced physical activity in adults at risk for type 2 diabetes who curtail their sleep. Obesity (Silver Spring). 2012; 20(2): 278–284.
133. Zhou Q., Zhang M., Hu D.: Dose-response association between sleep duration and obesity risk: a systematic review and meta-analysis of prospective cohort studies. Sleep Breath. 2019.

Quellenverzeichnis

134. Zhu B., Shi C., Park C. G. et al.: Effects of sleep restriction on metabolism-related parameters in healthy adults: A comprehensive review and meta-analysis of randomized controlled trials. Sleep Med Rev. 2019; 45: 18–30.
135. Sun M., Feng W., Wang F. et al.: Meta-analysis on shift work and risks of specific obesity types. Obes Rev. 2018; 19(1): 28–40.
136. Vgontzas A. N., Zoumakis M., Papanicolaou D. A. et al.: Chronic insomnia is associated with a shift of interleukin-6 and tumor necrosis factor secretion from nighttime to daytime. Metabolism. 2002; 51(7): 887–892.
137. De Almondes K. M., Marin Agudelo H. A., Jimenez-Correa U.: Impact of Sleep Deprivation on Emotional Regulation and the Immune System of Healthcare Workers as a Risk Factor for COVID 19: Practical Recommendations From a Task Force of the Latin American Association of Sleep Psychology. Front Psychol. 2021; 12: 564227.
138. Beise U., Puhan D., Götschi A. S.: Schlaf und Schlafstörungen. MediX Gesundheitsdossier. 2017.
139. Deutsche Gesellschaft für Schlafforschung und Schlafmedizin (DGSM). Nicht erholsamer Schlaf/Schlafstörungen. S3 Leitlinie. Somnologie 2009; 13:4–160.
140. Clancy F., Prestwich A., Caperon L. et al.: The association between worry and rumination with sleep in non-clinical populations: a systematic review and meta-analysis. Health Psychol Rev. 2020; 14(4): 427–448.
141. Wood A. M., Joseph S., Lloyd J. et al.: Gratitude influences sleep through the mechanism of pre-sleep cognitions. J Psychosom Res. 2009; 66(1): 43–48.
142. Sproul, K. (Hrg.). The shorter Bartlett's familiar quotations. 1965. New York: Pocket Books.
143. Umberson D., Crosnoe R., Reczek C.: Social Relationships and Health Behavior Across Life Course. Annu Rev Sociol. 2010; 36: 139–157.
144. Simmel G.: Dankbarkeit – Ein soziologischer Versuch ex: Der Morgen. Wochenschrift für deutsche Kultur, begründet und hrsg. von Werner Sombart zusammen mit Richard Strauß, Georg Brandes und Richard Muther unter Mitwirkung von Hugo von Hofmannsthal, 1. Jg., Nr. 19 vom 18. Oktober 1907, S. 593–598 (Berlin). https://socio.ch/sim/verschiedenes/1907/dankbarkeit.htm.

145. Solomon R. C.: Foreword, in: The Psychology of Gratitude, Emmons R. A., McCullough M. E. (Hrg.), Oxford Univ. Press 2004.
146. Maes J.: Psychologische Überlegungen zur Rache. https://psydok.psycharchives.de/jspui/bitstream/20.500.11780/397/1/beri076_II.pdf. 1994.
147. Breen W. E., Kashdan T. B., Lenser M. L. et al.: Gratitude and forgiveness: Convergence and divergence on self-report and informant ratings. Pers Indiv Differ. 2010; 49(8): 932–937.
148. Neto F.: Forgiveness, personality and gratitude. Pers Indiv Differ. 2007; 43(8): 2313–2323.
149. Satici S. A., Uysal R., Akin A.: Forgiveness and Vengeance: The Mediating Role of Gratitude. Psychol Rep. 2014; 114(1): 157–168.
150. Worthington E. L., Jr.: Forgiving and reconciling. Downers Grove, IL: InterVarsity Press. 2003.
151. Karremans J. C., Van Lange P. A. M.: Forgiveness in personal relationships: Its malleability and powerful consequences. Eur Rev Soc Psychol. 2008; 19: 202–241.
152. Maltby J., Day L., Barber L.: Forgiveness and mental health variables: Interpreting the relationship using an adaptational-continuum model of personality and coping. Pers Indiv Differ. 2004; 37(8): 1629–1641.
153. Thompson L. Y., Snyder C. R., Hoffman L. et al.: Dispositional forgiveness of self, others, and situations. J Pers. 2005; 73(2): 313–359.
154. Worthington E. L., Scherer M.: Forgiveness is an emotion-focused coping strategy that can reduce health risks and promote health resilience: Theory, review, and hypotheses. Psychol Health. 2004; 19(3): 385–405.
155. Baumeister R. F., Leary M. R.: The need to belong: desire for interpersonal attachments as a fundamental human motivation. Psychol Bull. 1995; 117(3): 497–529.
156. Luhmann M., Bücker S.: Einsamkeit und soziale Isolation im hohen Alter. Projektbericht, Ruhr-Universität Bochum (Hrg.), 2019.
157. Peplau L. A., Perlman D. E.: Loneliness. A sourcebook of current theory, research, and therapy. New York: Wiley Interscience, 1982.
158. Hawkley L. C., Cacioppo J. T.: Loneliness matters: a theoretical and empirical review of consequences and mechanisms. Ann Behav Med. 2010; 40(2): 218–227.
159. Erzen E., Cikrikci O.: The effect of loneliness on depression: A meta-analysis. Int J Soc Psychiatry. 2018; 64(5): 427–435.

160. Lara E., Martin-Maria N., De la Torre-Luque A. et al.: Does loneliness contribute to mild cognitive impairment and dementia? A systematic review and meta-analysis of longitudinal studies. Ageing research reviews. 2019; 52: 7–16.
161. Spitzer M.: Einsamkeit – erblich, ansteckend, tödlich. Nervenheilkunde. 2016; 35: 734–741.
162. Petitte T., Mallow J,. Barnes E. et al.: A Systematic Review of Loneliness and Common Chronic Physical Conditions in Adults. Open Psychol J. 2015; 8(Suppl 2): 113–132.
163. Leigh-Hunt N., Bagguley D., Bash K. et al.: An overview of systematic reviews on the public health consequences of social isolation and loneliness. Public Health. 2017; 152: 157–171.
164. Ong A. D., Uchino B. N., Wethington E.: Loneliness and Health in Older Adults: A Mini-Review and Synthesis. Gerontology. 2016; 62(4): 443–449.
165. House J. S., Landis K. R., Umberson D.: Social relationships and health. Science. 1988; 241(4865): 540–545.
166. Holt-Lunstad J., Smith T.B., Layton J. B.: Social relationships and mortality risk: a meta-analytic review. PLoS Med. 2010; 7(7): e1000316.
167. Cohen S., Doyle W. J., Skoner D. P. et al.: Social ties and susceptibility to the common cold. Jama. 1997; 277(24): 1940–1944.
168. Terwiel S., Wolff K.: Vorbeugung und Bekämpfung von Einsamkeit und sozialer Isolation im hohen Alter, in: Luhmann, M., Bücker, S. (Hrg.): Einsamkeit und soziale Isolation im hohen Alter, Bochum, 2019.
169. Masi C. M., Chen H. Y., Hawkley L. C. et al.: A meta-analysis of interventions to reduce loneliness. Pers Soc Psychol Rev. 2011; 15(3): 219–266.
170. Ekmekcioglu C.: Älter wirst Du sowieso, Westend, Frankfurt, 2020.
171. Ni S. G., Yang R. D., Zhang Y. F. et al.: Effect of Gratitude on Loneliness of Chinese College Students: Social Support as a Mediator. Soc Behav Personal. 2015; 43(4): 559–566.
172. O'Connell B. H., O'Shea D., Gallagher S.: Mediating effects of loneliness on the gratitude-health link. Pers Indiv Differ. 2016; 98: 179–183.
173. Frinking E., Jans-Beken L., Janssens M. et al.: Gratitude and loneliness in adults over 40 years: examining the role of psychological flexibility and engaged living. Aging Ment Health. 2020; 24(12): 2117–2124.

174. Caputo A.: The Relationship Between Gratitude and Loneliness: The Potential Benefits of Gratitude for Promoting Social Bonds. Eur J Psychol. 2015; 11(2): 323–334.
175. Smith A.: The theory of moral sentiments (D. D. Raphael & A. L. Macfie, Hrg.). Indianapolis, in: Liberty Classics based on Oxford Univ. Press. (Original veröffentlicht 1790). 1790/1982; 13. Zitiert in Quelle 177.
176. McCullough M. E., Kilpatrick S. D., Emmons R. A. et al.: Is gratitude a moral affect? Psychol Bull. 2001; 127(2): 249–266.
177. Harpham E. J.: Gratitude in the History of Ideas, in: The Psychology of Gratitude, Emmons RA, McCullough ME (Hrg.), Oxford Univ. Press 2004.
178. Hagner S.: Internetbasierte Dankbarkeitsintervention für Jugendliche und junge Erwachsene. Masterarbeit, 2015.
179. Gouldner A. W.: The Norm of Reciprocity – a Preliminary Statement. Am Sociol Rev. 1960; 25(2): 161–-178.
180. Mcgovern L. P., Ditzian J. L., Taylor S. P.: Effect of One Positive Reinforcement on Helping with Cost. B Psychonomic Soc. 1975; 5(5): 421–423.
181. Grant A. M., Gino F.: A Little Thanks Goes a Long Way: Explaining Why Gratitude Expressions Motivate Prosocial Behavior. J Pers Soc Psychol. 2010; 98(6): 946–955.
182. Algoe S. B.: Find, Remind, and Bind: The Functions of Gratitude in Everyday Relationships. Social and Personality Psychology Compass. 2012; 6: 455–469.
183. Pufendorf S.: Über die Pflicht des Menschen und des Bürgers nach dem Gesetz der Natur. Hrg. und übersetzt von Klaus Luig. Insel Verlag, Frankfurt am Main, 1994.
184. Ma L. K., Tunney R. J., Ferguson E.: Does Gratitude Enhance Prosociality?: A Meta-Analytic Review. Psychol Bull. 2017; 143(6): 601–635.
185. Nowak M. A.: Five rules for the evolution of cooperation. Science. 2006; 314(5805): 1560–1563.
186. Nowak M. A., Roch S.: Upstream reciprocity and the evolution of gratitude. P R Soc B. 2007; 274(1610): 605–610.
187. Bartlett M. Y., DeSteno D.: Gratitude and prosocial behavior: helping when it costs you. Psychol Sci. 2006; 17(4): 319–325.

Quellenverzeichnis

188. Curry O. S., Rowland L. A., Van Lissa C. J. et al.: Happy to help? A systematic review and meta-analysis of the effects of performing acts of kindness on the well-being of the actor. J Exp Soc Psychol. 2018; 76: 320–329.
189. Bono G., Froh J. J., Disabato D. et al.: Gratitude's role in adolescent antisocial and prosocial behavior: A 4-year longitudinal investigation. J Posit Psychol. 2019; 14(2): I-II.
190. Panagopoulos C.: Thank You for Voting: Gratitude Expression and Voter Mobilization. J Polit. 2011; 73(3): 707–717.
191. Berkman L. F., Glass T., Brissette I. et al.: From social integration to health: Durkheim in the new millennium. Soc Sci Med. 2000; 51(6): 843–857.
192. Brummett B. H., Barefoot J. C., Siegler I. C. et al.: Characteristics of socially isolated patients with coronary artery disease who are at elevated risk for mortality. Psychosom Med. 2001; 63(2): 267–272.
193. Uchino B. N.: Understanding the Links Between Social Support and Physical Health: A Life-Span Perspective With Emphasis on the Separability of Perceived and Received Support. Perspect Psychol Sci. 2009; 4(3): 236–255.
194. Ell K., Nishimoto R., Mediansky L. et al.: Social relations, social support and survival among patients with cancer. J Psychosom Res. 1992; 36(6): 531–541.
195. Vila J.: Social Support and Longevity: Meta-Analysis-Based Evidence and Psychobiological Mechanisms. Front Psychol. 2021; 12: 717164.
196. Uchino B. N., Trettevik R., Kent de Grey R. G. et al.: Social support, social integration, and inflammatory cytokines: A meta-analysis. Health Psychol. 2018; 37(5): 462–471.
197. Kent de Grey R. G., Uchino B. N., Trettevik R. et al.: Social support and sleep: A meta-analysis. Health Psychol. 2018; 37(8): 787–798.
198. Kelly M. E., Duff H., Kelly S. et al.: The impact of social activities, social networks, social support and social relationships on the cognitive functioning of healthy older adults: a systematic review. Syst Rev. 2017; 6(1): 259.
199. Bovard E. W.: The effects of social stimuli on the response to stress. Psychol Rev. 1959; 66: 267–277.
200. Hostinar C. E., Sullivan R. M., Gunnar M. R.: Psychobiological mechanisms underlying the social buffering of the hypothalamic-pituitary-adrenocortical axis: a review of animal models and human studies across development. Psychol Bull. 2014; 140(1): 256–282.

201. Thayer J. F., Mather M., Koenig J.: Stress and aging: A neurovisceral integration perspective. Psychophysiology. 2021; 58(7).
202. Hurlemann R., Patin A., Onur O. A. et al.: Oxytocin enhances amygdala-dependent, socially reinforced learning and emotional empathy in humans. J Neurosci. 2010; 30(14): 4999–5007.
203. Zak P. J., Curry B., Owen T. et al.: Oxytocin Release Increases With Age and Is Associated With Life Satisfaction and Prosocial Behaviors. Front Behav Neurosci. 2022; 16: 846234.
204. Barraza J. A., Grewal N. S., Ropacki S. et al.: Effects of a 10-day oxytocin trial in older adults on health and well-being. Exp Clin Psychopharm. 2013; 21(2): 85–92.
205. Shaw B. A., Krause N., Chatters L. M. et al.: Emotional support from parents early in life, aging, and health. Psychol Aging. 2004; 19(1): 4–12.
206. Flaherty J. A., Richman J. A.: Effects of childhood relationships on the adult's capacity to form social supports. Am J Psychiatry. 1986; 143(7): 851–855.
207. Heider F.: The psychology of interpersonal relations. New York: Wiley, 1958.
208. Emmons R. A.: The psychology of gratitude. An introduction. In: Emmons RA, McCullough ME, (Hrg.), The psychology of gratitude. New York, NY: Oxford University; 2004; 3–16.
209. Ortony A., Clore G. L., Collins A.: The Cognitive Structure of Emotions, Cambridge University Press, 1988.
210. Tsang J. A.: The effects of helper intention on gratitude and indebtedness. Motiv Emotion. 2006; 30(3): 199–205.
211. Tsang J. A.: Gratitude and prosocial behaviour: An experimental test of gratitude. Cognition Emotion. 2006; 20(1): 138–148.
212. McCullough M. E., Tsang J-A.: Parent of the Virtues? The Prosocial Contours of Gratitude. In: The Psychology of Gratitude, Emmons RA, McCullough M. F. (Hrg.), Oxford Univ. Press 2004.
213. Moss M. K., Page R. A.: Reinforcement and Helping Behavior. J Appl Soc Psychol. 1972; 2(4): 360–371.
214. Howell A. J., Dopko R. L., Turowski J. B. et al.: The disposition to apologize. Pers Indiv Differ. 2011; 51(4): 509–514.
215. Mehrabian A.: Substitute for apology: manipulation of cognitions to reduce negative attitude toward self. Psychol Rep. 1967; 20(3): 687–692.

Quellenverzeichnis

216. Tolstoi L.: Worin besteht mein Glaube? Eine Studie von Graf Leo Tolstoi. Aus dem russischen Manuskript übersetzt von Sophie Behr, Leipzig, Verlag von Duncker & Humblot. 1885.
https://www.projekt-gutenberg.org/tolstoi/glaube/titlepage.html
217. Emmons R. A,. Paloutzian R. F.: The psychology of religion. Annu Rev Psychol. 2003; 54: 377–402.
218. Hicks J. A., King L. A.: Religious commitment and positive mood as information about meaning in life. J Res Pers. 2008; 42(1): 43–57.
219. Steger M. F., Frazier P.: Meaning in life: One link in the chain from religiousness to well-being. J Couns Psychol. 2005; 52(4): 574–582.
220. Hefner P.: The science-religion relation: Controversy, convergence, and search for meaning. The International Journal for the Psychology of Religion. 1997; 7: 143–158.
221. Vail K. E., Rothschild Z. K., Weise D. R. et al.: A Terror Management Analysis of the Psychological Functions of Religion. Pers Soc Psychol Rev. 2010; 14(1): 84–94.
222. Park C. L.: Religion as a meaning-making framework in coping with life stress. J Soc Issues. 2005; 61(4): 707–729.
223. Lucchetti G., Goes L. G., Amaral S. G. et al.: Spirituality, religiosity and the mental health consequences of social isolation during Covid-19 pandemic. Int J Soc Psychiatry. 2021 67(6):672-679.
224. Minear P. S.: Thanksgiving as a synthesis of the temporal and eternal. In H.A. Johnson & N.Thulstrup (Hrg.), A Kierkegaard critique (S. 297–308). New York: Harper & Brothers. 1962.
225. http://www.uibk.ac.at/theol/leseraum/bibel/mt7.html
226. Krause N., Ellison C. G.: Social Environment of the Church and Feelings of Gratitude Toward God. Psychol Relig Spirit. 2009; 1(3): 191–205.
227. Kraus R., Desmond S. A., Palmer Z. D.: Being Thankful: Examining the Relationship Between Young Adult Religiosity and Gratitude. Journal of Religion & Health. 2015; 54(4): 1331–1344.
228. Krause N.: Religious Involvement, Gratitude, and Change in Depressive Symptoms Over Time. Int J Psychol Relig. 2009; 19(3): 155–172.
229. Emmons R. A., Kneezel T. T.: Giving Thanks: Spiritual and Religious Correlates of Gratitude Journal of Psychology and Christianity. 2005; 24: 140–148.

230. Lambert N. M., Fincham F. D., Braithwaite S. R. et al.: Can Prayer Increase Gratitude? Psychol Relig Spirit. 2009; 1(3): 139–149.
231. Kendler K. S., Liu X. Q., Gardner C. O. et al.: Dimensions of religiosity and their relationship to lifetime psychiatric and substance use disorders. Am J Psychiatry. 2003; 160(3): 496–503.
232. Rosmarin D. H., Pirutinsky S., Greer D. et al.: Maintaining a Grateful Disposition in the Face of Distress: The Role of Religious Coping. Psychol Relig Spirit. 2016; 8(2): 134–140.
233. Krause N.: Gratitude toward god, stress, and health in late life. Res Aging. 2006; 28(2): 163–183.
234. Allport G. W., Ross J. M.: Personal religious orientation and prejudice. J Pers Soc Psychol. 1967; 5(4): 432–443.
235. Donahue M. J.: Intrinsic and Extrinsic Religiousness – Review and Meta-Analysis. J Pers Soc Psychol. 1985; 48(2): 400–419.
236. Nelson P. B.: Intrinsic/extrinsic religious orientation of the elderly: relationship to depression and self-esteem. J Gerontol Nurs. 1990; 16(2): 29–35.
237. Sandage S. J., Hill P. C., Vaubel D. C.: Generativity, Relational Spirituality, Gratitude, and Mental Health: Relationships and Pathways. International Journal for the Psychology of Religion. 2011; 21(1): 1–16.
238. Thorson J. A., Powell F. C.: Meanings of Death and Intrinsic Religiosity. J Clin Psychol. 1990; 46(4): 379–391.
239. Rosmarin D. H., Pirutinsky S., Cohen A. B. et al.: Grateful to God or just plain grateful? A comparison of religious and general gratitude. J Posit Psychol. 2011; 6(5): 389–396.
240. Aghababaei N., Blachnio A., Aminikhoo M.: The relations of gratitude to religiosity, well-being, and personality. Ment Health Relig Cu. 2018; 21(4)(4): 408–417.
241. Aghababaei N., Tabik M. T.: Gratitude and mental health: Differences between religious and general gratitude in a Muslim context. Ment Health Relig Cu. 2013; 16: 761–776
242. Templer D. I,. Awadalla A., Al-Fayez G. et al.: Construction of a death anxiety scale-extended. Omega-J Death Dying. 2006; 53(3): 209–226.
243. Lau R. W. L., Cheng S. T.: Gratitude lessens death anxiety. Eur J Ageing. 2011; 8(3): 169.
244. Furer P, Walker J. Death Anxiety: A Cognitive-Behavioral Approach. Journal of Cognitive Psychotherapy. 2008; 22: 167–182.

245. Firestone R.: Beyond death anxiety: achieving life-affirming death awareness. Springer, New York, 2009.
246. Gilliland J. C., Templer D. I.: Relationship of Death Anxiety Scale Factors to Subjective States. Omega-J Death Dying. 1985; 16(2): 155–167.
247. Iverach L., Menzies R. G., Menzies R. E.: Death anxiety and its role in psychopathology: reviewing the status of a transdiagnostic construct. Clin Psychol Rev. 2014; 34(7): 580–593.
248. Fortner B. V., Neimeyer R. A.: Death anxiety in older adults: A quantitative review. Death Stud. 1999; 23(5): 387–411.
249. Schimel J., Hayes J., Williams T. et al.: Is death really the worm at the core? Converging evidence that worldview threat increases death-thought accessibility. J Pers Soc Psychol. 2007; 92(5): 789–803.
250. Solomon S., Greenberg J., Pyszczynski T.: A Terror Management Theory of Social-Behavior – the Psychological Functions of Self-Esteem and Cultural Worldviews. Adv Exp Soc Psychol. 1991; 24: 93–159.
251. Vail K. E., Soenke M.: The impact of mortality awareness on meaning in life among Christians and atheists. Relig Brain Behav. 2018; 8(1): 44–56.
252. Simon L., Arndt J., Greenberg J. et al. :Terror management and meaning: Evidence that the opportunity to defend the worldview in response to mortality salience increases the meaningfulness of life in the mildly depressed. J Pers. 1998; 66(3): 359–382.
253. Taubman-Ben-Ari O.: Is the Meaning of Life Also the Meaning of Death? A Terror Management Perspective Reply. J Happiness Stud. 2011; 12(3): 385–399.
254. Watkins P. C., Masingale A., Whitney A.: 9/11 and gratitude: Does trauma increase appreciation? Presentation to the 83rd Annual Convention of the Western Psychological Association, Vancouver, BC, Canada, 2003.
255. Koo M., Algoe S. B., Wilson T. D. et al.: It's a wonderful life: mentally subtracting positive events improves people's affective states, contrary to their affective forecasts. J Pers Soc Psychol. 2008; 95(5): 1217–1224.
256. Chesterton G. K.: Heretics. In G. K. Chesterton (Hrg.), Collected works (Vol. I). San Francisco, CA: Ignatius Press, (1986/1905). http://www.gutenberg.org/files/470/470-h/470-h.htm
257. Verschiedene Autoren. Demut ist mein größter Stolz. Wort und Antwort. 2017; 58(3).

258. Kruse E., Chancellor J., Ruberton P. M. et al.: An Upward Spiral Between Gratitude and Humility. Soc Psychol Pers Sci. 2014; 5(7): 805–814.
259. Chancellor J., Lyubomirsky S.: Humble beginnings: Current trends, state perspectives, and humility hallmarks. Social and Personality Psychology Compass. 2013; 7: 819–833.
260. Davis D. E., Worthington E. L., Hook J. N.: Humility: Review of measurement strategies and conceptualization as personality judgment. J Posit Psychol. 2010; 5(4): 243–252.
261. Tangney J. P.: Humility: Theoretical perspectives, empirical findings and directions for future research. J Soc Clin Psychol. 2000; 19(1): 70–82.
262. Eggensperger T.: Demut – eine seltsame Tugend, in: Wort und Antwort. Dominikanische Zeitschrift für Glauben und Gesellschaft. 58. Jg., Heft 3, Juli-September 2017, S. 112–116. https://www.wort-und-antwort.de/pdf/archiv/2017/2017_03.pdf.
263. Nixdorf C. P.: Demut macht Sinn – Über Demut als Führungshaltung. Hannover. https://nbn-resolving.org/urn:nbn:de:0168-ssoar-67484-6. 2020.
264. Aristoteles: Nikomachische Ethik, 4. Buch, 8. Kapitel. https://www.projekt-gutenberg.org/aristote/nikomach/index.html.
265. Aristoteles: Rhetorik, 350 v. Chr., Reclam, RECLAMs UNIVERSAL-BIBLIOTHEK Nr. 18006, 1999/2007; 65, 82.
266. Shelton C.: Gratitude: Considerations from a Moral Perspective. In: RA Emmons, ME McCullough (Hrg.), The Psychology of Gratitude, 259–281. Oxford: Oxford University Press,. 2004.
267. https://www.projekt-gutenberg.org/nietzsch/goetzend/chap002.html.
268. Brüder Grimm: Kinder- und Hausmärchen, Verlag Carl Ueberreuther, Wien.
269. Parrott W, G., Smith R. H.: Distinguishing the Experiences of Envy and Jealousy. J Pers Soc Psychol 1993; 64(6): 906–920.
270. Mao Y. D., Zhao J X., Xu Y, et al.: How gratitude inhibits envy: From the perspective of positive psychology. Psych J. 2021; 10(3): 384–392.
271. Takahashi H., Kato M., Matsuura M. et al.: When your gain is my pain and your pain is my gain: neural correlates of envy and schadenfreude. Science. 2009; 323(5916): 937–939.

272. Xiang Y. H., Zhao J. X., Li Q. Y. et al.: Effect of Core Self-Evaluation on Mental Health Symptoms Among Chinese College Students: The Mediating Roles of Benign and Malicious Envy. Psychiat Ann. 2019; 49(6): 277–284.
273. https://www.projekt-gutenberg.org/schopenh/aphorism/chap007.html.
274. Smith R. H., Kim S. H.: Comprehending envy. Psychol Bull. 2007; 133(1): 46–-64.
275. Solom R., Watkins P. C., McCurrach D. et al.: Thieves of thankfulness: Traits that inhibit gratitude. J Posit Psychol. 2017; 12(2): 120–129.
276. Lange J., Crusius J.: Dispositional Envy Revisited: Unraveling the Motivational Dynamics of Benign and Malicious Envy. Pers Soc Psychol B. 2015; 41(2): 284–294.
277. Xiang Y., Chao X., Ye Y.: Effect of Gratitude on Benign and Malicious Envy: The Mediating Role of Social Support. Front Psychiatry. 2018; 9: 139.
278. Van de Ven N., Zeelenberg M., Pieters R.: Why envy outperforms admiration. Pers Soc Psychol Bull. 2011; 37(6): 784–795.
279. Cohen S., Wills T. A.: Stress, social support, and the buffering hypothesis. Psychol Bull. 1985; 98(2): 310–357.
280. O'Neil J. N., Emery C. F.: Psychosocial vulnerability, hostility, and family history of coronary heart disease among male and female college students. Int J Behav Med. 2002; 9(1): 17–36.
281. Wood A. M., Maltby J., Gillett R. et al.: The role of gratitude in the development of social support, stress, and depression: Two longitudinal studies. J Res Pers. 2008; 42(4): 854–-871.
282. Lakey B., Orehek E.: Relational regulation theory: a new approach to explain the link between perceived social support and mental health. Psychol Rev. 2011; 118(3): 482–495.
283. Kasser T. :The high price of materialism. Cambridge, MA: MIT Press, 2002.
284. Fromm E.: Haben oder Sein. DTV-Verlag München, Erstveröffentlichung 1976.
285. Burroughs J. E., Rindfleisch A.: Materialism and well-being: A conflicting values perspective. J Consum Res. 2002; 29(3): 348–370.
286. Kasser T., Ryan R. M.: A Dark Side of the American-Dream –- Correlates of Financial Success as a Central Life Aspiration. J Pers Soc Psychol. 1993; 65(2): 410–422.

287. Kasser T., Ryan R. M.: Further examining the American dream: Differential correlates of intrinsic and extrinsic goals. Pers Soc Psychol B. 1996; 22(3): 280–287.
288. Richins M. L., Dawson S.: A Consumer Values Orientation for Materialism and Its Measurement – Scale Development and Validation. J Consum Res. 1992; 19(3): 303–316.
289. Belk R. W.: Materialism – Trait Aspects of Living in the Material World. J Consum Res. 1985; 12(3): 265–280.
290. Dittmar H., Bond R., Hurst M. et al.: The Relationship Between Materialism and Personal Well-Being: A Meta-Analysis. J Pers Soc Psychol. 2014; 107(5): 879–924.
291. Froh J. J., Emmons R. A., Card N. A. et al.: Gratitude and the Reduced Costs of Materialism in Adolescents. J Happiness Stud. 2011; 12(2): 289–302.
292. Kashdan T. B., Breen W. L.: Materialism and diminished well-being: Experiential avoidance as a mediating mechanism. J Soc Clin Psychol. 2007; 26(5): 521–539.
293. Diessner R., Lewis G.: Further validation of the gratitude, resentment, and appreciation test (GRAT). J Soc Psychol. 2007; 147(4): 445–447.
294. Polak E. L., McCullough M. E.: Is gratitude an alternative to materialism? J Happiness Stud. 2006; 7: 343–360.
295. Lambert N. M., Fincham F. D., Stillman T. F. et al.: More gratitude, less materialism: The mediating role of life satisfaction. J Posit Psychol. 2009; 4(1): 32–42.
296. Tsang J. A., Carpenter T. P., Roberts J. A. et al.: Why are materialists less happy? The role of gratitude and need satisfaction in the relationship between materialism and life satisfaction. Pers Indiv Differ. 2014; 64: 62–66.
297. Roberts J. A., Tsang J. A., Manolis C.: Looking for happiness in all the wrong places: The moderating role of gratitude and affect in the materialism-life satisfaction relationship. J Posit Psychol. 2015; 10(6): 489–498.
298. Pieters R.: Bidirectional Dynamics of Materialism and Loneliness: Not Just a Vicious Cycle. J Consum Res. 2013; 40(4): 615–631.
299. Christian Morgenstern: Sämtliche Dichtungen. Abteilung 1, Band 7, Basel 1971–1973, S. 75–76.
300. Sharlin S. A.: Long-term successful marriages in Israel. Contemp Fam Ther. 1996; 18(2): 225–242.

301. Karimi R., Bakhtiyari M., Masjedi Arani A.: Protective factors of marital stability in long-term marriage globally: a systematic review. Epidemiol Health. 2019; 41: e2019023.
302. Algoe S. B., Gable S. L., Maisel N. C.: It's the little things: Everyday gratitude as a booster shot for romantic relationships. Pers Relationship. 2010; 17(2): 217–233.
303. Gordon A. M., Impett E. A., Kogan A. et al.: To have and to hold: gratitude promotes relationship maintenance in intimate bonds. J Pers Soc Psychol. 2012; 103(2): 257–274.
304. Algoe S. B., Zhaoyang R.: Positive Psychology in Context: Effects of Expressing Gratitude in Ongoing Relationships Depend on Perceptions of Enactor Responsiveness. The journal of positive psychology. 2016; 11(4): 399–415.
305. Kubacka K. E., Finkenauer C., Rusbult C. E. et al.: Maintaining close relationships: gratitude as a motivator and a detector of maintenance behavior. Pers Soc Psychol Bull. 2011; 37(10): 1362–1375.
306. Williams L. A., Bartlett M. Y.: Warm thanks: gratitude expression facilitates social affiliation in new relationships via perceived warmth. Emotion. 2015; 15(1): 1–5.
307. Lambert N. M., Fincham F. D.: Expressing Gratitude to a Partner Leads to More Relationship Maintenance Behavior. Emotion. 2011; 11(1): 52–60.
308. Jia L., Lee L. N., Tong E. M.: Gratitude facilitates behavioral mimicry. Emotion. 2015; 15(2): 134–138.
309. Jia L., Tong E. M., Lee L. N.: Psychological "gel" to bind individuals' goal pursuit: gratitude facilitates goal contagion. Emotion. 2014; 14(4): 748–760.
310. Gino F., Schweitzer M. E.: Blinded by anger or feeling the love: how emotions influence advice taking. J Appl Psychol. 2008; 93(5): 1165–1173.
311. Joel S., Gordon A. M., Impett E. A. et al.: The things you do for me: perceptions of a romantic partner's investments promote gratitude and commitment. Pers Soc Psychol Bull. 2013; 39(10): 1333–1345.
312. Leong J. L. T., Chen S. X., Fung H. H. L. et al.: Is Gratitude Always Beneficial to Interpersonal Relationships? The Interplay of Grateful Disposition, Grateful Mood, and Grateful Expression Among Married Couples. Pers Soc Psychol B. 2020; 46(1): 64–78.

313. Algoe S. B., Kurtz L. E., Hilaire N. M.: Putting the "You" in "Thank You": Examining Other-Praising Behavior as the Active Relational Ingredient in Expressed Gratitude. Soc Psychol Pers Sci. 2016; 7(7): 658–666.
314. Van Lange P. A., Rusbult C. E., Drigotas S. M. et al.: Willingness to sacrifice in close relationships. J Pers Soc Psychol. 1997; 72(6): 1373–1395.
315. Elliot A. J., Gable S. L., Mapes R. R.: Approach and avoidance motivation in the social domain. Pers Soc Psychol Bull. 2006; 32(3): 378–391.
316. Visserman M. L., Righetti F., Impett E. A. et al.: It's the motive that counts: Perceived sacrifice motives and gratitude in romantic relationships. Emotion. 2018; 18(5): 625–637.
317. Gable S. L.: Approaching Rewards and Avoiding Threats in Close Relationships. Science of the Couple: The Ontario Symposium, Vol 12. 2012.
318. Impett E. A., Gordon A. M., Kogan A. et al.: Moving Toward More Perfect Unions: Daily and Long-Term Consequences of Approach and Avoidance Goals in Romantic Relationships. J Pers Soc Psychol. 2010; 99(6): 948–963.
319. Impett E. A., Gable S. L., Peplau L. A.: Giving up and giving in: The costs and benefits of daily sacrifice in intimate relationships. J Pers Soc Psychol. 2005; 89(3): 327–344.
320. Wei M. F., Liao K. Y. H., Ku T. Y. et al.: Attachment, Self-Compassion, Empathy, and Subjective Well-Being Among College Students and Community Adults. J Pers. 2011; 79(1): 191–221.
321. Shaver P. R., Mikulincer M.: Attachment-related psychodynamics. Attach Hum Dev. 2002; 4(2): 133–161.
322. Simpson J. A., Overall N. C.: Partner Buffering of Attachment Insecurity. Curr Dir Psychol Sci. 2014; 23(1): 54–59.
323. Park Y., Johnson M. D., MacDonald G. et al.: Perceiving gratitude from a romantic partner predicts decreases in attachment anxiety. Dev Psychol. 2019; 55(12): 2692–2700.
324. Vandervoort D. J.: Hostility and health: Mediating effects of belief systems and coping styles. Curr Psychol. 2006; 25(1): 50–66.
325. Nabi H., Singh-Manoux A., Ferrie J. E. et al.: Hostility and depressive mood: results from the Whitehall II prospective cohort study. Psychol Med. 2010; 40(3): 405–413.

Quellenverzeichnis

326. Rye M. S., Fleri A. M., Moore C. D. et al.: Evaluation of an Intervention Designed to Help Divorced Parents Forgive Their Ex-Spouse. Journal of Divorce and Remarriage. 2012; 53: 231–245.
327. Bonach K., Sales E.: Forgiveness as a Mediator Between Post Divorce Cognitive Processes and Coparenting Quality. Journal of Divorce & Remarriage, 2002. 38: 17–38.
328. Alexandre Dumas: Der Graf von Monte Christo, http://www.projekt-gutenberg.org/dumasalt/montechr/montechr.html.
329. Li T. Y., Chan D. K. S. :How anxious and avoidant attachment affect romantic relationship quality differently: A meta-analytic review. Eur J Soc Psychol. 2012; 42(4): 406–419.
330. Nisters T.: Gratitude, anger and the horror of asymmetry. ZEMO. 2021; 4: 143–147.
331. Emmons R.: Ingratitude: Greatest of the Vices? Commentary on Navarro and Tudge. Hum Dev. 2020; 64(2): 97–102.
332. Schnitzler A.: Wohltaten Still und Rein geben. Gesammelte Werke. Die erzählenden Schriften, 2 Bände, Band 1, Frankfurt a. M. 1961, S. 521–527. Erstdruck: Neues Wiener Tagblatt, 25. Dezember 1931. http://www.zeno.org/Literatur/M/Schnitzler,+Arthur/Erz%C3%A4hlungen/Wohltaten+Still+und+Rein+gegeben.
333. Nickl P.: Der doppelte Franz und das Danaergeschenk. ZEMO. 2021; 4: 157–159.
334. Landweer H.: Zu wenig oder zu viel? Warum Dankbarkeit im Rahmen der Gabe-Theorie betrachtet werden sollte. ZEMO. 2021; 4: 149–156.
335. Walzer M.: On Humanitarianism: Is Helping Others Charity, or Duty, or Both? Foreign Affairs. 2011; 90(4): 69–80. Zitiert in Quelle 24.
336. Thomas von Aquin: Summa Theologica STh II–II, q. 107.https://www.ccel.org/ccel/aquinas/summa/SS/SS107.html#SSQ107OUTP1.
337. Thomas von Aquin: Summa Theologica STh II–II, q. 106.https://www.ccel.org/ccel/aquinas/summa/SS/SS107.html#SSQ107OUTP1.
338. Hume D.: David Hume on Virtue and Vice in General Book 3 (Of Morals), Part One, from A Treatise of Human Nature; 3.1.1.23.http://studymore.org.uk/xhum3_1.htm.
339. Kant I. : Über Pädagogik, Königsberg, 1803.
340. Henry Fielding: Die Geschichte des Tom Jones, Teil I, 13. Kapitel. https://www.projekt-gutenberg.org/fielding/tomjone1/vol01chap013.html.

341. Gulliford L., Morgan B., Kristjánsson K.: Jüngste Arbeiten zum Begriff der Dankbarkeit in Philosophie und Psychologie. ZEMO; 2021; 4: 169-199.
342. Greenberg M. S.: "A theory of indebtedness," in: Social Exchange: Advances in Theory and Research, K. J. Gergen, M. S. Greenberg, R. H. Willis (Hrg., New York, NY: Plenum Press), 1980; 3–26.
343. Kashdan T. B., Mishra A., Breen W. E. et al.: Gender Differences in Gratitude: Examining Appraisals, Narratives, the Willingness to Express Emotions, and Changes in Psychological Needs. J Pers. 2009; 77(3): 691–730.
344. Olsson S., Hensing G., Burstrom B. et al.: Unmet Need for Mental Healthcare in a Population Sample in Sweden: A Cross-Sectional Study of Inequalities Based on Gender, Education, and Country of Birth. Community Ment Health J. 2021; 57(3): 470–481.
345. McWilliams N., Lependorf S.: Narcissistic Pathology of Everyday Life – the Denial of Remorse and Gratitude. Contemp Psychoanal. 1990; 26(3): 430–451.
346. Twenge J. M.: Overwhelming evidence for generation me: A reply to Arnett. Emerging Adulthood. 2013; 1: 21–26.
347. Twenge J. M., Konrath S., Foster J. D. et al.: Egos inflating over time: a cross-temporal meta-analysis of the Narcissistic Personality Inventory. J Pers. 2008; 76(4): 875–902; Diskussion 3–28.
348. Konrath S. H., O'Brien E. H., Hsing C.: Changes in Dispositional Empathy in American College Students Over Time: A Meta-Analysis. Pers Soc Psychol Rev. 2011; 15(2): 180–198.
349. Alkozei A., Smith R., Kotzin M. D. et al.: The Association Between Trait Gratitude and Self-Reported Sleep Quality Is Mediated by Depressive Mood State. Behav Sleep Med. 2019; 17(1): 41–48.
350. Hao Y. Y., Zhang L. T., Bai C. Z. et al.: Gratitude and depressive symptoms in Chinese nurses: A longitudinal cross-lagged study. Appl Psychol-Hlth We. 2021.
351. Iodice J. A., Malouff J. M., Schutte N. S.: The Association between Gratitude and Depression: A Meta- Analysis. Int J Depress Anxiety 2021; 4:024.
352. Ecker G.: „Giftige" Gaben. Über Tauschprozesse in der Literatur. Kapitel: Versperrter Dank: Saul Bellows The Bellarosa Connection. Wilhelm Fink Verlag, München 2008.

Quellenverzeichnis

353. von Knigge A. F.: Über den Umgang mit Menschen. Drittes Kapitel. Über den Umgang mit Leuten von verschiedenen Gemütsarten, Temperamenten und Stimmung des Geistes und Herzens, 1788. https://www.projekt-gutenberg.org/knigge/umgang/chap005.html.
354. Gortner E. M., Rude S. S., Pennebaker J. W.: Benefits of expressive writing in lowering rumination and depressive symptoms. Behav Ther. 2006; 37(3): 292–303.
355. Pennebaker J. W., Beall S. K.: Confronting a Traumatic Event – toward an Understanding of Inhibition and Disease. J Abnorm Psychol. 1986; 95(3): 274–281.
356. Kaczmarek L. D., Kashdan T. B., Kleiman E. M. et al.: Who self-initiates gratitude interventions in daily life? An examination of intentions, curiosity, depressive symptoms, and life satisfaction. Pers Indiv Differ. 2013; 55(7): 805––810.
357. Kaczmarek L. D., Kashdan T. B., Drazkowski D. et al.: Why do greater curiosity and fewer depressive symptoms predict gratitude intervention use? Utility beliefs, social norm, and self-control beliefs. Pers Indiv Differ. 2014; 66: 165–170.
358. Toepfer S. M., Walker K.: Letters of gratitude: Improving well-being through expressive writing. Journal of Writing Research. 2009; 1: 181–198.
359. Kumar A.: Some things aren't better left unsaid: Interpersonal barriers to gratitude expression and prosocial engagement. Curr Opin Psychol. 2022; 43: 156–160.
360. Kumar A., Epley N.: Undervaluing Gratitude: Expressers Misunderstand the Consequences of Showing Appreciation. Psychol Sci. 2018; 29(9): 1423–1435.
361. Boothby E. J., Bohns V. K.: Why a Simple Act of Kindness Is Not as Simple as It Seems: Underestimating the Positive Impact of Our Compliments on Others. Pers Soc Psychol Bull. 2021; 47(5): 826–840.
362. Mccroskey J. C., Richmond V. P.: Willingness to Communicate – a Cognitive View. J Soc Behav Pers. 1990; 5(2): 19–37.
363. Sergeant S., Mongrain M.: Are positive psychology exercises helpful for people with depressive personality styles? J Posit Psychol. 2011; 6(4): 260–272.
364. Fonteyne L., Duyck W., De Fruyt F.: Program-specific prediction of academic achievement on the basis of cognitive and non-cognitive factors. Learn Individ Differ. 2017; 56: 34–48.

365. Roth B., Becker N., Romeyke S. et al.: Intelligence and school grades: A meta-analysis. Intelligence. 2015; 53: 118–137.
366. Farruggia S. P., Han C. W., Watson L. et al.: Noncognitive Factors and College Student Success. J Coll Stud Retent-R. 2018; 20(3): 308–327.
367. Robbins S. B., Lauver K., Le H. et al.: Do psychosocial and study skill, factors predict college outcomes? A meta-analysis. Psychol Bull. 2004; 130(2): 261–288.
368. Poropat A. E.: A Meta-Analysis of the Five-Factor Model of Personality and Academic Performance. Psychol Bull. 2009; 135(2): 322–338.
369. Richardson M., Abraham C., Bond R.: Psychological Correlates of University Students' Academic Performance: A Systematic Review and Meta-Analysis. Psychol Bull. 2012; 138(2): 353–387.
370. https://lexikon.stangl.eu/1535/selbstwirksamkeit-selbstwirksamkeitserwartung/.
371. King R. B., Datu J. A. D.: Grateful students are motivated, engaged, and successful in school: Cross-sectional, longitudinal, and experimental evidence. J Sch Psychol. 2018; 70: 105–122.
372. Deci E. L.: Effects of Externally Mediated Rewards on Intrinsic Motivation. J Pers Soc Psychol. 1971; 18(1).
373. Ryan R. M., Deci E. L.: Intrinsic and Extrinsic Motivations: Classic Definitions and New Directions. Contemp Educ Psychol. 2000; 25(1): 54–67.
374. Renshaw T. L., Steeves R. M. O.: What Good Is Gratitude in Youth and Schools? A Systematic Review and Meta-Analysis of Correlates and Intervention Outcomes. Psychol Schools. 2016; 53(3): 286–305.
375. Armenta C. N., Fritz M. M., Walsh L. C. et al.: Satisfied yet striving: Gratitude fosters life satisfaction and improvement motivation in youth. Emotion, 2020.
376. Nawa N. E., Yamagishi N.: Enhanced academic motivation in university students following a 2-week online gratitude journal intervention. BMC Psychol. 2021; 9(1): 71.
377. Ashby F. G., Isen A. M., Turken U.: A neuropsychological theory of positive affect and its influence on cognition. Psychol Rev. 1999; 106(3): 529–550.
378. Carr D.: The Paradox of Gratitude. Brit J Educ Stud. 2015; 63(4): 429–446.
379. Cho Y., Fast N. J.: Power, defensive denigration, and the assuaging effect of gratitude expression. J Exp Soc Psychol. 2012; 48(3): 778–782.

380. Eibach R. P., Wilmot M. O., Libby L. K.: The System-Justifying Function of Gratitude Norms. Social and Personality Psychology Compass. 2015; 9(7): 348–358.
381. He W. M., Qiu J. J., Chen Y. Y. et al.: Gratitude Intervention Evokes Indebtedness: Moderated by Perceived Social Distance. Front Psychol. 2022; 13.
382. Shen H., Wan F., Wyer R. S.: Cross-Cultural Differences in the Refusal to Accept a Small Gift: The Differential Influence of Reciprocity Norms on Asians and North Americans. J Pers Soc Psychol. 2011; 100(2): 271–281.
383. Layous K., Lee H., Choi I. et al.: Culture Matters When Designing a Successful Happiness-Increasing Activity: A Comparison of the United States and South Korea. J Cross Cult Psychol. 2013; 44(8): 1294–303.
384. Corona K., Senft N., Campos B. et al.: Ethnic variation in gratitude and well-being. Emotion. 2020; 20(3): 518–524.
385. Oishi S., Koo M., Lim N. et al.: When Gratitude Evokes Indebtedness. Appl Psychol-Hlth We. 2019; 11(2): 286–303.
386. Sanner M. A.: Transplant recipients' conceptions of three key phenomena in transplantation: the organ donation, the organ donor, and the organ transplant. Clin Transplant. 2003; 17(4): 391–400.
387. O'Brien G. M., Donaghue N., Walker I. et al.: Deservingness and Gratitude in the Context of Heart Transplantation. Qual Health Res. 2014; 24(12): 1635–1647.
388. Papachristou C., Walter M., Schmid G. et al.: Living donor liver transplantation and its effect on the donor-recipient relationship - a qualitative interview study with donors. Clin Transplant. 2009; 23(3): 382–391.
389. Escher M., Lamuela-Naulin M., Bollondi C. et al.: Should gratitude be a requirement for access to live organ donation? J Med Ethics. 2017; 43(11): 762–765.
390. Tong E. M. W., Ng C. X., Ho J. B. H. et al.: Gratitude facilitates obedience: New evidence for the social alignment perspective. Emotion. 2021; 21(6): 1302–1316.
391. Zhu R. D, Xu Z. H., Tang H. H. et al.: The dark side of gratitude: Gratitude could lead to moral violation. J Exp Soc Psychol. 2020; 91.
392. Watkins P. C., Scheer J., Ovnicek M. et al.: The debt of gratitude: Dissociating gratitude and indebtedness. Cognition Emotion. 2006; 20(2): 217–241.

393. Lupoli M. J., Jampol L., Oveis C.: Lying Because We Care: Compassion Increases Prosocial Lying. J Exp Psychol Gen. 2017; 146(7): 1026–1042.
394. Kämpchen M.: Dankbarkeit. Stimmen der Zeit. 2016; 141: 263–272.
395. Floyd S., Rossi G., Baranova J. et al.: Universals and cultural diversity in the expression of gratitude. R Soc Open Sci. 2018; 5(5).

Bei Drucklegung dieses Buches waren alle hier genannten Onlinequellen zugänglich.

Bibliografische Information der Deutschen Nationalbibliothek
Die Deutsche Nationalbibliothek verzeichnet diese Publikation in der
Deutschen Nationalbibliografie; detaillierte bibliografische Daten
sind im Internet über http://dnb.d-nb.de abrufbar.

Alle Rechte, insbesondere das Recht der Vervielfältigung und Verbreitung sowie der Übersetzung, vorbehalten. Kein Teil des Werkes darf in irgendeiner Form (durch Fotokopie, Mikrofilm oder ein anderes Verfahren) ohne schriftliche Genehmigung des Verlages reproduziert oder unter Verwendung elektronischer Systeme gespeichert, verarbeitet, vervielfältigt oder verbreitet werden.

1. Auflage 2024
© 2024 by Braumüller GmbH
Servitengasse 5, A-1090 Wien
www.braumueller.at

Lektorat: Nikoletta Kiss
Cover: AdobeStock/© Archreactor
Druck: Prime Rate Kft. Megyeri út 53. H-1044 Budapest
ISBN 978-3-99100-385-4